U0135570

金融心理學

The Psychology of
Revised Edition
Finance

驅·動·股·市·的·真·正·力·量

拉斯·特維德 **Lars Tvede** 著　方耀　譯

WILEY　財信出版

目錄CONTENTS

• **前言** 007

▶ **第一篇　時間與未知的神祕力量**

　1• **理性行動者與現實世界** 013
　　起源／看不見的手／經濟預測的價值／重大障礙／凱因斯的創見
　　／最糟的問題／技術分析論者及圖形分析論者／神祕力量

　2• **實用的專業術語** 025
　　基本圖形／牛市與熊市／特別的投資工具／圖形的選擇

▶ **第二篇　四項基本金融法則**

　3• **法則一：市場率先反映經濟** 033
　　貝伯森的晴雨計／晴雨計理論的測試／負一階導數／晚近的調查
　　結果／債券是更好用的工具

　4• **法則二：市場是非理性的** 041
　　一個小試驗／荷蘭1636年的崩盤／南海泡沫／1929年華爾街崩
　　盤／結論究竟是什麼？

　5• **法則三：混沌主宰一切** 055
　　蝴蝶效應／定態混沌／不可預測性做為一種內生性的特質／
　　羅伯·梅的祕密／經濟及金融混沌／對經濟的了解並非不重要

　6• **法則四：圖形會自我實現** 067
　　影響股票交易的最重要因素／凱因斯和選美比賽／自我毀滅的圖
　　形訊號

▶第三篇　人的心理學

7・心理學的起源 077

古早時代／威廉・翁特：心理學之父／結構主義學派：化約到最
小單位／功能主義學派：精神河流／習慣的養成

8・重要心理學派的誕生 087

行為學派：機械式的人／激進行為主義／心理分析學派：研究人
們內心的祕密／格式塔：整體不只是個別的加總／人文心理學：
自己創造的人生／認知心理學：了解心智運作過程／枝繁葉茂

▶第四篇　群體行為

9・鍊金術士 109

查爾斯・道／道氏觀點／進一步的闡釋／並非真正的理論

10・當心理學遇見金融市場 117

經濟心理學／經濟心理學的歷史／經濟心理學在美國的發展／
最相關的現象／回到現實世界

▶第五篇　市場資訊心理學

11・城市裡最快的遊戲 127

大量買進／特殊郵件／新的情勢／叢林中的馬文／難以置信的買進

12・無風不起浪？ 137

少年投機者／當壞人採取行動／卡位戰

13 • 小魚和大魚 145

多頭共識指標／未平倉量／為什麼這些原則有用？／當媒體知道
……／社會比較與說服效果／警訊／散戶絕對是錯的嗎？

14 • 框架與態度 161

框架和定位／群體思考／當金融價格成為心理的定位點／態度的
效果

▶第六篇　　市場趨勢心理學

15 • 跟隨趨勢 175

確認未來趨勢／好、壞與醜陋／時間選擇的遊戲／期待落空與三
重打擊／反轉前的最後遲疑／支撐與壓力／移動平均／趨勢線、
通道和卡位戰／成交量的確認／較小的圖形型態

16 • 和諧與共鳴 207

股票市場／債券／外匯／大宗商品

17 • 龐氏騙局 223

向張三借錢，還給李四／不太美麗的畫面／龐西的本性／多頭市
場中的回饋循環

18 • 熊市與牛市的差異 235

展望理論和下跌市場／當市場上漲

▶第七篇　　區間走勢心理學

19 • 懷疑與遲疑 243

沈悶的市場並非真的沈悶

20 • 當市場過度擴張 253

變動率

▶第八篇　轉折點心理學

21・趨勢反轉時，發生了什麼事？............. 265
「軋空」北太平洋公司的股票／零星衝突／市場的關鍵戰役／如何辨識出貨過程？／時間因素的重要性

22・重要趨勢反轉的警告訊號............. 273
趨勢反轉的相似性／型態完成

▶第九篇　恐慌心理學

23・追蹤猛獸足跡............. 285
世界末日／恐懼浪潮

24・動物精神............. 291
穩定的人／注意力、不安與焦慮／金融暈眩／脫韁猛獸

▶第十篇　領先一步

25・曝險與時機............. 301
交易策略的兩項要素／曝險策略／為什麼使用這種奇怪做法？／沉入成本的謬論／傲慢、報仇和一無所有

26・毀滅之路............. 321

附錄一・經濟心理學年表............. 325

附錄二・技術分析年表............. 327

附錄三・金融危機簡史............. 329

附錄四・投資心理現象分析............. 333

前言

　　專業投資，其實就是要找到物美價廉的投資標的；找到了，你可以買進它，等待價格上漲，出脫賺取利潤。

　　然而，價格並非唯一應該考慮的因素。金融商品的價格隨時隨地在改變，雖然價格終將反應價值，但是還有一些其他因素會驅使價格產生變化。

　　本書探討的就是那些其他因素，它將告訴你人類心理如何左右金融資產的價格變化。

　　分析師及交易員針對金融商品價格波動之內部動態分析早已發表許多研究，他們幾乎都是從技術分析，也就是圖型分析的角度來研究市場結構與趨勢。這些書籍與文章廣為人知，從事這一行的人多半相信市場價格波動有其結構與模式。有趣的是，這些書鮮少解釋上述做法何以致勝。換言之，這些書告訴我們的是一些沒有理論支持的規則。

　　此外，也有相當多的研究文獻出自科學家之手，這些著作有點艱澀難懂，但它們的優點在於從科學角度分析市場，而結論多半是：市場趨勢呈現隨機，或是十分接近隨機變化。這個結論使得研究市場價格變化的問題變得意義不大。

上述情況頗不尋常，專精市場研究的科學家與市場實際參與者的看法怎麼會如此截然不同？

我個人認為金融市場的價格變動通常具有一種特定架構。雖然小型且流動性較低的股價多半是隨機波動，但在較具流動性的市場中，價格變動往往不是隨機的，這是因為：

> 許多投資人相信市場是由反饋作用主導，其過程會形成趨勢。經濟學家認為其結果無非是隨機波動。不過，其他科學家（特別是自然科學家）則認為由反饋作用主導的系統中，波動的總合是一種定態混沌（deterministic chaos），雖然這種混沌系統中的內生動力很難預測，但並非完全不可能。

這可以解釋為什麼許多投資人認為：價格波動有其模式可循。那麼，何以科學家試圖證明投資人的觀點錯誤？

如果我們運用傳統研究方法檢驗混沌系統，會得到隨機波動的錯誤結果。有效掌握金融市場動能的模型架構並非隨機漫步，而是定態混沌。越來越多的科學家開始測試市場的混沌程度，並且確認了這種現象。因此，過去的集體謬誤或可望修正。

可是，如果科學家錯了，這表示技術分析是對的嗎？答案可能並非如此，你甚至可以主張技術分析沒有任何可取之處——因為技術分析論者並未建立完整論述。少數科學家募集資金進行相關研究，這些人可稱為經濟心理學家、心理經濟學家，或是金融行為學家。並不令人驚訝的是，這些人仍屬相當少數，要獲得資金來研究這些迥異於已盛行數十載之主流學派的觀點並不容易。

我認為可以用心理學來解釋市場行為的許多重要面向，包括了一般的技術分析觀點。由於心理學的研究架構較為鬆散，部分

內容可能缺乏具體的研究文獻支持，不過我將盡力試著解釋。

　　最後，我希望讀者能夠從本書中獲得些許的樂趣，這個部分就請您自行判斷了。本書部分內容或許有些艱澀，請多予見諒。好了，現在就讓我們開始吧。

　　　　　　　　——拉斯・特維德（Lars Tvede），於瑞士，2002 年

第一篇
時間與未知的神祕力量

股價波動並不是價格變化的紀錄,而是投資人對價格波動的反應,也就是數以萬計個別投資人對於波動的想法如何影響未來市場表現。畢竟,股票市場是由人組成的。

——投資大師伯納德‧巴魯克（Bernard Baruch）

理性行動者與現實世界

在批評別人之前，應先穿著別人的鞋行走一哩，如此，
當你批評時，你僅距被批評者一哩之遙，還擁有他們的
思考模式。

——佛瑞達‧諾瑞斯（Frieda Norris）

本書要討論的是股票市場中的神祕面，也就是市場心理學：
市場的心理現象如何產生，我們應該如何觀察它。

某些帶動價格波動的心理機制是理性而明智的，其他則顯得
有點好笑且荒謬。不過，如同我們將反覆看到的，心理機制一再
出場，和金融交易的存在時間一樣久遠。

起源

股票交易的歷史可回溯至好幾世紀以前，雖然沒有人可以確
定正確的時間，不過有若干證據認為股票交易始於十二世紀的法
國，當時統治香檳區的伯爵從1114年開始交易衣物、酒、漁類、
木材及金屬的標準化遠期契約（letter de faire）[1]。

　　儘管法國是第一個出現類似交易所的國家，但在十二至十六世紀的歐洲，義大利才是金融交易的中心，那時義大利已經出現可以交易黃金、白銀及貨幣的金融公司。

　　現在歐洲仍習慣使用的交易所（bourse）一詞係始於十六世紀，當時范得堡（Van de Beurs）家族位於比利時布魯日的商社為金融證券的交易中心，想要做買賣的人就得去 "Beurs" 才行，一般認為這就是交易所一詞的起源。同樣在十六世紀，交易所的交易活動遍及全歐洲，主要交易標的是需要資金的皇室發行的債券。

　　這種趨勢快速發展，1613年，史上第一個正式交易所在荷蘭的阿姆斯特丹落成，隨後許多歐洲國家亦開始成立交易所。同時，早在1636年鬱金香泡沫發生之前，荷蘭即推出了第一支衍生性金融工具，也就是選擇權商品；至於全球第一支期貨商品則是日本於1654年在稻米市場推出的期貨契約。稻米期貨的交易須符合「帳合米交易」的規定，在此規則中，明確訂定了稻米期貨契約的標準規格及各種稻米等級的定義，由非營利的結算所加以管理，所有稻米期貨契約價差均以現金交割，而非實物交割[2]。

看不見的手

　　自有股票交易以來，價格的波動性就常使人們感到訝異。許多人試圖解釋波動發生的原因，而學者大多支持下列這個看起來最合理的原因：

1　Sowards, 1965.

2　Bakken, 1953.

> 長期而言，股票的交易價格反映其真實價值；短期的價
> 格波動反映供給與需求的小幅變化，而這些變化是隨機
> 無法預測的。

因為人類是理性的，理當以理智方式行事，因此，市場應該
終將反映真實價值。

經濟學家已經討論了數世紀之久：投資人或企業真的依循理
性原則行事嗎？贊同此種觀點的人多半抱持新古典經濟學派的看
法。他們的論點很實際：假設經濟世界完全由理性的個體組成，
針對這個世界「由下而上」地建構一個理論模型就成為可能。

你可以利用數學模型分析個人或個別組織的行為，將這些模
型加總之後，得到一個可以分析整體系統如何運作的模型。這些
模型可以模擬特定產業、國家，甚至全球經濟體系。

同理，亦可以建構一個關於金融市場的「理性行動者」計量
模型。假設所有參與者都充分瞭解基本經濟情勢，並且對金融資
產價格做出理性判斷。市場參與者是基本面論者，他們試圖獲得
所有可能的最佳資訊，以評估金融資產的真實價值，因此，市場
訂價機制應十分有效率。

上述論點即所謂的效率市場假說。這類模型的最大問題在
於，雖然它們的數學技巧很精緻，卻不實際。金融市場訂價行為
常常十分不理性。

經濟預測的價值

如果市場沒有反應基本價值，有人會歸咎於市場本身：投資
人應該多加注意基本分析派的預測結果。可惜的是，真正聽從這

些預測的投資人反而無法征服市場，因為這些預測鮮少正確。諾
貝爾經濟學獎得主華西里‧列昂提夫（Wassily Leontief）曾經評
論經濟模型：

> 沒有一個實證研究的領域運用了如此大量且複雜的統計
> 技巧，卻得到如此平庸的結果。

很多時候分析師會對不同的計算方法猶疑不決。比方說，一
國貨幣相對他國貨幣的真正價值可從三種角度來看：

- 購買力平價：測量本國貨幣相對其他國家貨幣的購買力
- 相對經濟成長
- 國際收支

還可以考慮其他因素，例如：相對利率，或是高額財政赤字
及外幣計價債務引發的快速資本外流風險。

即使使用相同的計算方法，只要假設些微不同，就可能得到
明顯不同的結果。若以評估股市真正價值，也就是一大群股票的
綜合價值為例，最合理亦最常使用的方法就是所謂的聯邦基金模
型（Fed Model），此模型源於1997年聯準會公布的《韓福瑞霍金
斯報告》（*Humphrey Hawkins Report*）。此模型認為評估股價的最
佳方法，是將平均本益比與十年期政府公債殖利率相比較，如果
政府公債殖利率較低，你會願意接受較低的股價收益率。除了債
券收益率低之外，低的債券殖利率亦表示通貨膨脹率的預期較
低，對金融投資收益的預期亦跟著降低。雖然這種做法看來合
理，我們時常發現，不同銀行或不同分析師的預測結果往往完全
不同，原因在於使用方法上的細微差異。首先，大多數人會將未
來收益的預測值代入模型，但這些收益的成長幅度是多少？假設

上的小小差異就會使結果大不相同。此外，有些人以一籃子不同到期日的債券取代十年期公債，這也會使結果大不相同。此外，還有時間因素。為了解股票與債券收益的關係，我們要檢視歷史平均值資料，但歷史資料的時間應該有多久？五年或是五十年？同樣地，時間長度也會影響到結果。

在高度不確定的情況下，假設不同經濟預測存在很大差異的推論十分合理，這至少指出了某種程度的不可預測性。但情況並非如此。基本面論者的預測結果多半十分接近，卻與實際結果差距甚遠。1980年的《歐元雜誌》（*Euromoney*）曾彙整了十六家重要研究機構的十二個月期美元兌西德馬克之匯價預測，結果詳見表1.1。

十二個月後，美元兌西德馬克的匯價既不是1.60，也不是1.72，而是2.35！

重大障礙

無法被忽略的問題是，金融商品的真實價值會隨著價格波動，而匯率就是一個很好的例子。當一國貨幣開始升值時，通常表示該國的通貨膨脹率與利率開始下跌，使得競爭力改善。一段時間後，這會補償匯率的上升。換句話說，匯率的波動多是自我確認的，當價格上升時，真實價值也提高。

股票也是如此。股價上升時，公司的信用評等會改善，進而使得貸款或是發行新股等融資機會增加。此外，該公司在持有者心中的評價也會上升，變得更受歡迎。所以，價格波動會影響金融商品的真實價值。

表1.1	16家重要研究機構對1981年7月1日到期之美元兌西德馬克12個月期匯價預測。當日實際匯價為2.35。
機構	**預測值**
亨利預測中心	1.72
經濟模型	1.71
柏克萊顧問公司	1.70
花旗銀行	1.70
美國海豐銀行	1.70
Philips & Drew	1.70
Predex	1.70
Data Resources	1.69
Amex Band	1.68
Conti Currency	1.68
伯朗兄弟銀行	1.67
化學銀行	1.65
European America Bank／Forex Research	1.65
Bi/Metrics	1.615
太平洋銀行	1.61
Harris Bank	1.60

　　商品市場的情況也差不多。許多市場中的供應商透過聯合壟斷控制價格。價格上升時，供應商多半會協同調漲價格，維持市場秩序。價格下跌的話，規模較小的廠商可能會選擇增加產量以維持獲利。這扭曲了正常的供給曲線，價格上升使生產減少，價格下降反而使生產增加，進而強化價格下跌的壓力。這也是自我確認的過程——供給與需求的波動為價格變化的函數——即使是初學者也會對此感到奇怪。難怪很多人放棄了長期投資的觀念，其中一位就是經濟大師凱因斯（John Maynard Keynes, 1883-1946）。

凱因斯的創見

　　凱因斯1883年出生於英國，馬克斯（Karl Marx, 1818-83）過世的那一年。從小即展現了異於常人的聰明才智，六歲就試著分析大腦如何運作，二十八歲就是英國最受推崇的財經刊物——《經濟期刊》（*Economic Journal*）的主編。他一生撰述了許多具劃時代意義的經濟文獻，並曾擔任英國的副財政大臣。

　　相較於馬克斯個人一生遭遇的失敗，凱因斯則籠罩在成功的光環中，他不僅成為一位極有名望的公眾人物，也是一位成功的投資人。每天早上他會在床上花半小時的時間來計畫當日的交易策略（他較偏愛商品及外匯），希望賺取逾200萬美元的收益。他也為劍橋大學國王學院管理基金，在有效的操作策略下，該基金的資本額至少增加10倍以上。因此，凱因斯對投資與股票市場的觀點也有相當大的影響力。他究竟寫了什麼？他在《就業、利息與貨幣的一般理論》[3]（1936）中曾提到：

> 　　有人認為投資專家（他們具有一般散戶投資者所不能及的判斷力與知識）之間的競爭，可以修正無知散戶的自作聰明。不過事實上，投資專家和投機者的精力與技巧卻別有所寄，因為大部分投資專家所關心的不是如何準確預測投資的長期收益，而是比一般大眾更早一步預見傳統的估價基礎會有什麼改變。
>
> 　　從社會目標而言，有技巧的投資應該是去戰勝會影響我們未來的時間與未知的神祕力量。但對於私人投資而言，目標就是想辦法快速獲利，再把不好的結果轉手給別人。

3　The General Theory of Employment, Interest and Money.

很顯然的，凱因斯認為股票市場缺乏遠見又不理性，要戰勝影響未來的時間與未知的神祕力量，遠比快速獲利困難得多。

最糟的問題

在尋找真實價值的過程中，最糟糕的問題並不在於建構一個正確的經濟預測模型，或是真實價值會隨著價格波動，而是當模擬的經濟模型更能反應真實世界的動力實況時，得到的結果會更加混沌。換句話說，經濟學家把經濟模型建構得越精細複雜，此模型就益發不能拿來正確預測長期發展。

部分數學家也對這種情況加以嘲弄，因為他們早就對其結果深表質疑，主要原因在於，動態系統如經濟體的數學特質是十分複雜且難以預測的。在數學家的眼中，經濟學家始終無法達成任務的原因，在於他們沒有考慮到非線性的數學本質；此外，非線性數學本質的意思就是：你僅能預測這種系統極短期內的行為。

在定態混沌的討論之中，可以看到更多的上述論點的解釋。混沌是指多數的經濟系統無法進行客觀性或數量化的長期預測。就是這麼簡單，在抵擋時間與未知的神祕力量時，我們只能轉而依賴個人主觀的猜測，這當然與我們的主觀情緒有很大的關聯，例如希望、害怕與貪婪。

技術分析論者及圖形分析論者

在投資經典《投資的生存戰役》[4]一書中，美國人傑若‧樂

---

4 The Battle for Investment Survival.

伯（Gerald Loeb）曾如此描述市場：

> 證券價值的問題永遠無法獲得解答。12個研究者就會
> 產生12種不同的結論。由於情況不斷變化，他們隨時
> 會修正自己原先的預測。資產負債表與損益表可以決定
> 部分市場價值，不過最主要的決定性力量還是來自於人
> 性的希望與害怕、野心、上帝旨意、財務壓力、氣候、
> 新發現，和其他難以一一列舉的眾多因素。

　　所以，或許投資大師對於如何在股市賺大錢有不同的看法，但他們都同意市場多半是不理性的論點。然而，我們可能去分析希望與恐懼、貪婪與野心，或是預測財務壓力嗎？我們能夠計算出某個時點的買進力量嗎？或是未來的趨勢方向？

　　至於那些利用市場過去表現，預測未來趨勢的投機者，我們稱為技術分析論者或圖形分析論者。

　　現在沒有人清楚，圖形是從什麼時候開始用來解釋金融市場的變化，但目前已知的最早文獻來自日本稻米交易市場。

　　日本於1730年開始交易標準化的稻米遠期合約，這些合約與現代的商品期貨合約大致雷同，只有一點例外：不可以實物交割，也就是人們可以買進或賣出遠期合約，但無法用來交換實際商品。這卻引發一個實務上的問題：稻米現貨價格的波動幅度較小，稻米期約價格的波動卻明顯高了許多。這種情況一直持續，到了1869年，日本當局無法再忍受這種現象，遂下令關閉遠期市場。

　　有趣的事發生了：遠期市場關閉之後，現貨市場的價格波動大幅加劇，經過兩年的混亂，日本當局只得恢復遠期市場交易，惟要求遠期合約必須伴隨實物交割。之後，市場慢慢穩定下來。

這次事件告訴日本投資人，股票價格反應的不只是供給與需求的均衡點，還包括心理因素。因此，股票經紀人發展出許多運用這些心理因素的方法，他們開始利用圖形來表示價格變化，建立解釋這些現象的法則，全球許多投資人仍延用至今。

神祕力量

現在，讓我們總結時間與未知神祕力量的基本法則：

法則一：市場率先反映經濟。既有和潛在投資人的想法加總往往不是個人可以掌握。或許有人知道一些我們不知道的事情？關於這點我們永遠無法確定。我們必須承認，想要領先市場資訊，走在價格反應資訊之前，是件困難的事。

法則二：市場是非理性的。市場會對現實情況快速反應，但也可能受到主觀、情緒性的趨勢變化所主宰。有時候價格隨著投資人的財務情況及興趣同步移動，在大眾的瘋狂與冷漠情緒中游移，而非反應證券的真實價值。投資人試圖理性行事，卻做出不理性的決定。

法則三：混沌主宰一切。總體經濟預測經常不準確，對於投資人而言並沒有太大意義，尤其是經濟因素之間的關係常會受到細微且難以預測因素的左右，使得結果大不相同。糟糕的是，這同樣適用於金融市場。

上述三點法則自市場開始運作以來即已存在，不過，並非所有人都了解它們的意涵。

今日，使用圖形分析研究市場的技術分析論者，創造了第四

項法則：他們認為圖形會自我實現。如果大家畫出一樣的圖形，輸入相同的電腦處理系統中，就可以發現自我強化的效果，因此：

法則四：圖形會自我實現。如果大家使用同樣的圖形分析系統，就都可以從交易中獲利，無論這些圖形到底有什麼意義。

投資有點像是在玩遊戲，要加入這場賽局，我們必須先了解上述四項法則。在接下來的第3到第6章中，我們會詳細介紹每項法則，但在此之前，大家需要了解一些重要的專業術語，我們在下一章為大家做好基礎準備。

實用的專業術語

他們告訴我，為了老年生活著想，就要買進這支股票。
結果的確是太好了……，不過一個星期的時間，就把我
變成了老人。

——艾迪·肯特（Eddie Cantor）

介紹遊戲規則之前，先來了解一些基本術語。

基本圖形

本書中所看到的價格曲線稱為圖形。這些圖形都有一定的意
義。許多圖形是由條狀圖的方式呈現，每一條線代表當日價格變
化的區間。某一週交易的價格變化圖形可能如下所示：

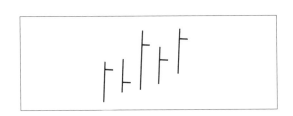

直條邊的短橫線代表當日收盤價，通常可以代表當天市場上供給與需求力量的短期妥協結果。如果要描繪較長期間的趨勢，加以判斷時，最好花些心思在收盤價上。

條狀圖的簡單變化就是折線圖，只能顯示收盤價：

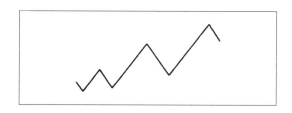

折線圖提供的訊息不如條狀圖豐富，但在長期趨勢的表現上較為簡潔。

牛市與熊市

市場會上漲與下跌，也有專門用語來描述這些情況。長期趨勢保持上升的市場稱為「牛市」（Bull Market），長期趨勢下跌的市場則稱為「熊市」（Bear Market）。認為市場會上漲的人稱為「多頭」，認為市場會下挫的人稱為「空頭」。這些表示方法的起源目前已不可考，不過有種很常用的解釋是，牛多半是抬著頭（上升），而熊總是低著頭（下降）。事實上，牛在向前衝時，其實也是低著頭的，這又多了一層反轉的意思。

當市場上漲時，多頭交易員會買入股票建立多頭部位，若市場下跌時，他會賣出。如果他選擇退出市場，我們會說他在「觀望」。

如果投資人對於市場後勢看空，他可能會先行退場，出清手中持股。以小麥農夫為例，小麥在9月收成，但2月時，如果預期今年小麥產量供過於求，價格看跌，他可以立刻賣出小麥，等到9月交割。如此，他所賣出的是目前尚未持有，但預期將會擁有的標的。

以股票市場的術語來說，他的小麥部位就是空頭部位，建立這個部位的目的，是為了預防小麥價格的下跌。如果他的唯一動機是保有現在的部位，他就是避險者。避險者在小麥收成之前不會採取任何行動，收成之後，再以實物交割的方式履行合約。

可是，假設早在3月，價格就已跌破小麥農夫的預期水準，他可以買入同樣數量的小麥，並且在9月交割。這種做法會帶來投機性收益，此時，他的身分就不是避險者，而是投機者。從價格下挫之中獲利的交易稱為放空（short sale）。

對於從事放空交易的投機者來說，有意思的地方在於，為了完成交易，你遲早要履行你的合約。不過，不是隨時都有人想要賣，到那時，為了找到賣主，無論價格多高都得接受。這種情況下，價格可能會飆高，稱為「軋空」。軋空的情形在19世紀中期十分常見，精心規畫的軋空交易被視為專業交易者的終極考驗。范得堡將軍（Commodore Vanderbilt）在丹尼爾・朱（Daniel Drew）為了一筆軋空交易祈求他手下留情時曾說道：

> 賣出不屬於自己東西的人，就有責任把它買回來；否則，就等著進監獄吧。

軋空目前已經較少見，但確實存在。

特別的投資工具

很多市場都有一些特別的投資工具，使得「作多」或「作空」交易更為容易。這些特別的投資工具就是期貨（futures）與選擇權（options）。

期貨是以某種證券或商品為標的，在交易所交易的標準化合約，它以預先決定的價格在事先決定的日期進行交割。如果史密斯先生買入在3月交割的美國國庫券期貨合約，現在就要確定成交價格，但實際的交割要等到3月，他完成付款時，才會進行。在此同時，布朗先生可以放空同筆合約，稍後買回來，如果那時價格變得比較低，還可以從中獲利。

如同傳統的作多或是作空交易，期貨的優點在於，無論趨勢往上往下，只要預測的方向正確，都可以獲利。此外，從事期貨交易只需要一些保證金，也就是說，一開始只需存入合約價值的部分資金，做為保證金就可以了。

還有一種期貨合約是股價指數期貨合約（index futures），由具有代表性的股票組合而成（期貨合約中稱為標的資產），如果認為股價指數會下挫，可以放空股價指數期貨，從市場下跌獲利。許多大型股票市場都有此類合約。

選擇權與期貨的觀念十分相似。原則上，選擇權是一種以適當的風險溢酬（premium），將虧損風險縮小至一定範圍之期貨合約，其獲利是無上限的（如果是賣出選擇權，面臨的情況就完全相反）。投機客一般都會接受賣出選擇權，因為平均而論，風險溢酬通常會高於實際風險。選擇權提供了許多有趣的交易機會，但某些操作比較複雜，為了簡單起見，本書對於選擇權的相關介紹就到此為止。

期貨和選擇權還可以應用在外匯交易上，不過，最常用的外匯交易工具是遠期外匯合約。遠期外匯合約是一種限定期間的合約，投資人在作多某種外幣的同時放空另種幣別，部位結算時會有獲利或虧損，除非價格沒有任何變化。收益包括作多外幣部位的利息收入，再減去作空外幣部位的利息支出，最後當然也可能是虧損。

有時候投資人會去作多一個傳統上較為弱勢的貨幣，然後作空較為強勢的貨幣，原因是弱勢貨幣的利率通常會大幅高於強勢貨幣，因此，利息收入的獲利可能超過價格變化的損失，這就是「利率套利」（interest rate arbitrage）。弱勢貨幣的賣方通常是商業公司，買方多半是投機客。

由於各種投資工具的廣泛運用，上升市場與下跌市場的差距不若往日。本書在討論牛市與熊市的章節時仍將借用此論點。

圖形的選擇

最後，還有市場的問題。這些做為範例的圖形代表了高流動性的市場，對於了解市場動能尤其重要。本書中的例子包括利率、股票、債券、指數期貨、外匯、貴金屬及大宗物資商品。

有人或許覺得將大宗物資商品包含在內很奇怪，咖啡、銅或石油與股票交易有啥關係？其實，關係才大咧。目前為止，全球絕大多數的大宗物資商品交易是透過交易所來進行，價格則是由完全不可能，也不想進行實物交割的投機客所決定的（相反地，如果哪天得用實物交割，可能會把他們嚇壞！）。每天24小時，全球各地都有人在研究豬腦、活牛、銅塊價格的詳細走勢，以回答這個永恆的命題：市場情況如何？

　　技術性名詞的介紹到此為止，具備了這些基礎後，我們可以
接著介紹主導時間與未知神祕力量的四項基本金融法則。

第二篇
四項基本金融法則

偉大的上帝！這真是個美妙的地方！

——羅柏‧法康‧史考特爵士（Sir Robert Falcon Scott）

法則一：
市場率先反映經濟

無論你是否感覺到，價格波動所反映的不是過去，而是未來。未來事件雖尚未發生，但其陰影會先籠罩在紐約證交所之上。

——漢彌爾敦（William Peter Hamilton）

已有一些股票交易經驗的投資人通常會發現，雖然分析師、經濟學者、投資顧問及記者們都想要預測市場趨勢，不過他們通常只能事後諸葛，分析已經發生的事情。換句話說，市場走在新聞之前。

投機的股票投資人科斯托蘭尼（Andre Kostolany）在《這就是股市》（*Das ist die Börse*）書中曾表示：

一般來說，新聞無法創造出價格波動，而是由價格變化來製造出新聞。無論在巴黎、倫敦還是紐約，都是一樣。每天收盤以後，投資人開始試著去找些理由來解釋價格或趨勢的變化，不過在2小時以前，他們可完全沒想到過這些因素。

一種可能解釋就是在市場上揚時，大家都很興高采烈，沒人喜歡聽到壞消息或是悲觀的分析。因為不喜歡，所以即使聽到了，他們也不會相信。而且，一般大眾所得到的消息多少都是經過分類的，並且更能強化市場情緒。當市場已到頂點並開始反轉時，分析師可能還沉浸在興奮的情緒裡。

而另一種更有說服力的解釋，就是市場走在新聞之前，也代表著市場會提早反映景氣。

貝伯森的晴雨計

第一個提出此項有趣發現並獲得大眾注意的人是美國的羅格‧瓦德‧貝伯森（Roger Ward Babson）。貝伯森於1875年出生於美國麻塞諸塞州，他於1898年取得工程學位後即開始從事股票交易的工作；幾年之後，他因為染上結核病，醫生勸他要儘量待在戶外，他就成立了一個露天公司：貝伯森統計組織（Babson Statistical Organization）於1902年正式成立，主要業務就是金融市場分析（後人認為貝伯森是美國有史以來最會利用統計賺錢的人）。在寒冷但清新的空氣中，貝伯森身穿特殊外套，背部加裝電毯，在戴著露指手套的女祕書協助下，貝伯森建立了他的王國。

1907年貝伯森的健康已漸康復，而此時市場上籠罩著一股恐慌的氣壓，但這反而引起了貝伯森的興趣，他推出了名為「貝伯森圖形」的特別分析服務。他將經濟發展和股市價格變化的趨勢拿來相比，並且在1910年出版了第一本書，書名為《累積財富的景氣晴雨計》[5]。在這本書中（此後他又繼續寫了50本），貝伯森將股價變化和經濟趨勢的關聯性總結如下：

實際上，在沒有人為操作的情況下，商人其實可以完全仰賴股票市場作為景氣概況的晴雨表，就讓大型的市場參與者來承擔研判基本面情況所需的資料搜集費用。

貝伯森的假設並非針對個體經濟，他不認為用股價變化就能夠來預測一個公司的前景。不過，如果把所有公司加起來看，整體股票市場的表現應該能夠預測未來景氣。如果不是因為某些市場參與者能夠成功的操縱股市的話，這個總體經濟晴雨計應該會效果很好。

在貝伯森的第一本書出版12年後，《華爾街日報》（*Wall Street Journal*）的主編漢彌爾敦也出版了一本書名類似的書：《股票市場晴雨計》[6]。這本書有部分受到貝伯森的理論啟蒙（但主要是受到查爾斯‧道〔Charles Dow〕的影響）。他在書中舉了市場能夠預測經濟的經典範例。在1907年的市場恐慌後，漢彌爾敦時任《華爾街日報》的主編，他收到許多憤怒讀者的來信，指責華爾街的股票交易，原因是當時股票市場情勢一片大好，可是美國經濟已經變得十分糟糕。比較溫和的人指責說：當羅馬城陷入火海時，華爾街的人還在優閒地演奏著小提琴。

然而，此時的漢彌爾敦認為，當前股市的上揚只是反應了未來景氣即將好轉，而後來景氣的確是好轉了。因此，漢彌爾敦同意貝伯森的論點，也就是股票市場是經濟景氣的晴雨計，但他不認同貝伯森認為大型市場參與者能夠左右市場的說法。漢彌爾敦認為這些人或許可以短期地操縱某一支個股，卻不可能控制整個市場的價格變化，因此，市場本身其實就是一個獨特的晴雨計。

---

5 Business Barometers Used in the Accumulation of Money.

6 The Stock Market Barometer.

晴雨計理論的測試

　　1929年華爾街股市的大崩盤可說是股市晴雨計理論的最佳測試機會。在大崩盤的前兩年，貝伯森的投顧公司建議投資人出脫持股，可是由於市場仍持續上漲，很多人認為貝伯森的建議十分愚蠢。除了貝伯森，幾乎所有人都極度樂觀，無論是投資顧問還是經濟學家，都認為應該繼續買進股票，而不是賣出。

　　當時投資人十分相信普林斯頓大學教授勞倫斯（Lawrence）的觀點；1929年勞倫斯教授表示，他怎麼看也不覺得股票被高估了。另一位專家，耶魯大學的艾文‧費雪教授（Irving Fisher）則說，他認為股市將處於這個永恆性的高水準。但最驚人的例子莫過於由哈佛經濟學會（Harvard Economic Society）發布的新聞通訊。這份通訊是由一群頂尖的哈佛大學經濟學家主編，主要是分析未來的景氣趨勢。從1929年股市大崩盤前到1932年秋天的這段期間，這個相當具權威性的機構都預測經濟還會持續成長，可是大蕭條的情況每下愈況。由於連續三年預測失誤，學會只得黯然解散。

　　此外，胡佛總統、各大銀行總裁、紐約證交所主席及全美國重要金融刊物也都抱持一樣的樂觀看法。這些人在股市大崩盤，甚至大蕭條已持續了好一段時間之後，都是十分樂觀。

　　儘管如此，貝伯森仍然十分堅持自己的觀點。1929年9月5日，市場甫自歷史高點些微下滑時，他在全國商業會議的年會中不僅再度公開表示應盡速賣出股票，更明白指出大盤指數會大跌60到80點；此外，隨之而來的是更嚴重的蕭條，到時工廠會紛紛倒閉，人們居無定所。這篇演說可說是華爾街大崩盤的起始點，大崩盤後，美國經濟進入了持續長達10年的蕭條期。貝伯

森的晴雨計理論通過了最嚴格的測試。

負一階導數

1939年熊彼得（Joseph Schumpeter）在《景氣循環》[7]一書中試著解釋股票市場預測未來景氣的能力。他發現最主要的原因在於，市場對於「磨擦」不若產業界來得敏感。根據熊彼得的說法，當大蕭條過後景氣漸露好轉跡象時，很多公司已經氣若游絲，最後仍只有倒閉一途。也就是說，產業界的磨擦是延遲的，但在股票市場中，卻沒有這種延滯的情形。

> 所以一般而言，在沒有其他外在因素的情況下，股市會比經濟更快回升，上升的力量也比較大。

基於相同的理由，股市的熊市也會比景氣衰退較早結束。熊彼得也認為在上升市場時，股市的反應會比經濟快：

> 雖然一般企業會以循序漸進的方式進入衰退期，但股票市場卻不常發生這種情況。衰退意味著利潤會下降，這多少會造成問題，而這也提供了空頭人士攻擊的機會。但即使沒有發生上述情況，光是預期未來價格不會上漲這一點，就足以讓投機客失去持股的興趣。

這個論點的前提是，投資人對未來的經濟表現有些許了解。因此，如果股票價格確實充分反應未來的經濟發展情況，那就是因為每個投資人都對即將發生的事情有心理準備。如果某人注意

---

7 Business Cycle.

到在自己所了解的產業中，某項產品的需求可能會減少，他會賣出生產該項產品的公司的股票，比該公司管理階層還早意識到這個營運危機。如果他發現某個供應商的交貨時間拖長了，他可能會認為這是因為該供應商的訂單滿載，因此，他會買進該供應商的股票。

市場參與者的這種快速洞察力，就是股市能夠迅速反應的基礎。更重要的是，如同熊彼得所言，只要投資人找不到繼續買進的理由，他們就會賣出。或者換句話說，市場價格並不是一般預期的直接反應，而是一般預期的負一階微分。即使經濟形勢仍十分樂觀，但若沒有新的好消息，投資人還是會賣股票。雖然這聽起來像一般常識，但有些時候市場的發展和普遍的經濟氣氛會完全相反。

晚近的調查結果

《美國經濟評論》（*American Economic Review*）在1981年刊出一篇尤金・法瑪（Eugene F. Fama）所寫的文章。法瑪針對股票收益、經濟活動、通貨膨脹與貨幣供給之間的關聯性作了一份十分詳盡的研究。他的研究是以1953年以來美國的實證資料為基礎。研究結論發現：股票收益領先所有實質活動變數，顯示能夠利用股市對實質活動作出理性預測。他認為股票市場理解資訊的方式是：

> 證據支持「理性預期」或是「效率市場」的觀點，也就是股市會關注資本投資的過程，並利用此過程中最早獲得的資訊來預測未來。

　　換句話說，股市領先經濟──雖然領先程度不多，但也已經超過了任何經濟學家所能預測的程度。這個假設就是「效率市場假說」（奇怪的是，許多人並未意識到這種現象。根據一份在1987年股市崩盤後針對500位美國股票投資人所做的問卷調查發現，45%的人認為股市反映經濟實況，25%的人認為股市與經濟實況完全沒關聯，而只有17%的人認為股市是經濟實況的提前反映）。

　　因為股市能夠提前反映經濟情況，所以可以將它視作觀察一國經濟情況的重要指標。根據美國經濟分析局（National Bureau of Economic Research, NBER）的研究指出，在12個觀察美國景氣的領先指標中，股市表現的效果最好。

債券是更好用的工具

　　再進一步來看，債券是更好的經濟預測工具。1982年9月28日《華爾街日報》刊出一篇討論債券市場對於經濟事件反映能力的文章，文章結論是：

> 由評等最好的10檔公共事業債券及10檔產業債券之平
> 均價格所組成的債券指標，通常會比美國商務部公布的
> 領先指標還早好幾個月見頂或觸底，雖然這兩個指標都
> 有預測景氣循環轉折點的能力。

　　這並不是特別新鮮的論點。貝伯森早在1910年所寫的《累積財富的景氣晴雨計》一書中，就利用了包括貨幣市場利率在內的12種領先指標，他並指出：「貨幣是所有交易的基礎，因此，它在所有指標中反應最為敏銳。」

　　金融市場能夠預測景氣反轉的能力並非美國所獨有。 1984年布魯諾・索尼克（Bruno Solnik）在《金融分析期刊》（*Financial Analysts Journal*）中發表一份研究結果，證明了在1971至1982年間，九個國家的股票市場關聯性。文章指出：「美國的股票報酬與通膨率為負相關，根據對這種現象的解釋，股價下跌即顯示經濟活動即將衰退……，其他九個國家股市的發現也支持上述論點。」許多研究的結果都同意股票市場可以作為經濟活動的領先指標，而從股市反轉到景氣反轉的領先時間約有6到9個月。這並不是說市場永遠正確，畢竟它也常常不大理性。不過，至少股市比任何一個單一的總體經濟指標都還來得準確。

法則二：
市場是非理性的

突然之間，人們的注意力都被吸引過去，瘋狂地追求
它；數百萬人彷彿同時著了魔，對它緊追不捨。直到另
一個更讓人著迷的東西出現，人們的目光才轉移過去。

——查爾斯‧麥凱（Charles Mackay）

我們已經看到市場趨勢是領先經濟趨勢的。不過，1929年
的不幸事件提醒我們：氣壓計有時也會跑進水分。

一個小試驗

以下介紹的這個小試驗可以用來說明為何市場有時會很快的
往與現實脫節的方向發展。我們利用某日歐洲外匯市場的交易來
作這個試驗。歐洲人並不樂見價格波動幅度過大。他們花了一早
上的時間研究過去24小時內可得到的所有金融資訊，以試著猜
測美國市場在下午4、5點開盤時的情況是如何：美國人會賣出
美元，還是會買進美元？他們考慮了所有關於美元匯價漲跌變化
的可能性後，決定在下午美國匯市開盤時要放空或做多美元兌歐

元匯率。假設大部分的資料分析結果都認為美國人會賣出美元，因此你也選擇放空。

午餐後，你建立了一個放空美元的大額部位，由於數量太高，因此只要有任何反方向的微小變化都會導致嚴重的損失。這樣也會讓你為這項投資更加盡心盡力。然後，你坐下來，緊盯著電腦螢幕上美元匯率每秒鐘的變化（實際上的確每秒鐘都在變）。高額部位與緊盯螢幕的做法，你應該可以體會這個測試展現的非理性感受。

當美國市場在倫敦時間的下午4、5點開盤後，第一個隨機波動即將出現。接著，你會覺得很奇怪：一旦價格開始跳動，就會顯著影響你在之前所建立的所有邏輯思考，而你的思考方向也會轉而支持價格走勢。如果美元如你所預期的下跌，那你可是會得到很大的勝利，你會想：「我就知道會這樣！當初我怎麼會對此感到質疑！」「做多美元的想法實在愚蠢！」可是，如果美元匯價走高，突然之間，你的腦海裡會充斥著應該做多美元的想法。「我真笨呀！美元當然會上漲呀。」雖然大家都知道市場剛開盤時的變化無關輕重，但你還是會試著立即去調整手上的大量部位。

在這個試驗裡，我們可以看出情緒將會受到價格所左右。價格上漲時，你會覺得價格應該會繼續走高；而價格下跌時，則會讓你覺得應該會繼續跌下去。專業投資人和新手投資人都會有這種感覺，唯一的差別是專業投資人從經驗中學到要保持冷靜。不過，有時候情緒會由少數投資人逐漸擴散開來，最後變成了一種集體性的歇斯底里。這些現象顯示人類心智的脆弱之處，聽起來讓人不好意思，卻深富啟發性。歷史上已經有許多這樣的例子。全球第一個投機性的股票交易崩盤發生在1557年的法國，當時哈

布斯堡王朝停止支付政府公債的利息，也不再按時償款。此後每一個世紀都會看到主要的股票投機交易活動最後以崩盤收場。其中，最有啟發意義的是1636年荷蘭的鬱金香泡沫，1711到1720年間英國的南海泡沫，當然還有1929年美國華爾街的崩盤。

荷蘭1636年的崩盤

　　荷蘭在1636年所發生的事件距今已超過360年，但卻是可以讓我們了解投資人非理性的最佳範例。此次崩盤事件為股票交易史上最嚴重的崩盤之一，而它最有意思的地方在於，雖然整個荷蘭都陷入了歇斯底里的狀態，隨後又落入破產、蕭條的悲慘景況，可是造成這次大崩盤的投資標的並不是股票、債券或是原物料，而是鬱金香球莖。鬱金香第一次出現在荷蘭是在1559年，當時有一位喜歡搜集奇花異草的收藏家——賀沃特議員，他的朋友從康士坦丁堡送來一箱鬱金香球莖，賀議員將這些球莖種植在其位於德國奧格斯堡的花園中，美麗的花朵吸引很多人注意。隨後，鬱金香在上流社會中益受歡迎，尤其是在德國與荷蘭，大家已習慣以高價直接從康士坦丁堡訂購鬱金香球莖。這種行為日漸普及，到了1634年，荷蘭的富裕家庭已經把缺乏鬱金香視為沒有品味的象徵。

　　隨後，鬱金香球莖的價格年年上漲，終於到達一個天文數字的高點，根據鬱金香最狂熱時的原始資料記載，1顆屬於奧古斯特品種（Semper Augustus）的鬱金香球莖價格相當於4600個弗羅令（荷蘭當時的貨幣單位）、一輛新馬車、2匹母馬，以及全套馬具。

　　當時，一頭健壯的公牛才賣120個弗羅令，所以4600弗羅令

簡直是一個無法想像的天文數字。另一種總督品種（Viceroy）的鬱金香球莖則相當於24車的穀物、8頭肥豬、4頭乳牛、4桶啤酒、1000磅奶油，加上幾噸起司。

到了1636年，鬱金香球莖的需求瘋狂激增，人們開始在荷蘭若干城市的交易所進行交易。此時，鬱金香不只是有錢人家的收藏品，更成為投資人及投機客的炒作標的。一旦價格微幅下跌，他們就大量買進，然後再賣出獲利。為了催生保證金交易制度，鬱金香選擇權應運而生，而保證金比率僅有10%~20%。各行各業的一般民眾紛紛賣掉其他資產，投入這個深具吸引力的市場。

荷蘭的鬱金香泡沫也受到國外投資人的注意，因此國外的資金亦開始源源不絕的匯入，這些資金推升了土地、房屋及奢侈品的價格，而鬱金香價格更是爬到歷史新高。財富持續累積，創造出一批新貴階級（nouveau riche）加入上流社會的行列。這些新貴從鬱金香球莖交易獲利後，又將賺來的錢重新投入鬱金香球莖市場。傳說優克勒特市的一位酒廠老闆，為了三顆鬱金香球莖，賣掉他的酒廠。

壓抑的笑容

到了9月、10月的時候，一種久違的感覺開始蔓延：那就是不安與懷疑。如何確定三顆鬱金香球莖相當於一間酒廠的價格？人們的笑容開始壓抑了。誰說鬱金香球莖值那麼多錢？市場很快的就被恐慌淹沒，鬱金香球莖的價格快速崩跌。

這些新貴階級這才發現，他們所擁有的財富只是一些沒有人要的鬱金香球莖，更不用說拿來償還現金貸款了。此時，政府不得不宣布折衷方案：所有在1636年11月以前簽定的鬱金香合約

均屬無效，之後的合約則依原價的10%執行。不過，價格很快就跌破原價的10%，因此，破產人數可謂與日俱增。荷蘭花了很多很多年的時間，才逐漸從隨之而來的大蕭條中緩步復甦。

南海泡沫

第二個具有啟發意義的非理性市場的例子，則是18世紀初發生於英國的投機事件，查爾斯‧麥凱在《大眾妄想與群眾瘋狂》[8]中詳細記載了事件的發生原由。

南海泡沫事件中的主角——南海公司（South Sea Company）是由一位牛津的伯爵於1711年創立，並獲得好幾位商人的支持（該公司的正式全名為「促進大不列顛商人在南海與美洲其他地區從事漁業事業公司」）。該公司取得總值1,000萬英鎊的英國國債做為支持，保證年利率6%，並且壟斷和拉丁美洲的貿易往來。

公司成立不久，有謠言指出該公司在南海的獲利高到難以置信，因為大家認為英國商品可以直接和祕魯及墨西哥交易，獲得取之不竭的金礦、銀礦。實際上，西班牙殖民政府每年僅容許一艘英國商船停靠，費用為1/4的利潤及5%的貨物。而南海公司的股價表現普通，每個月只有2、3點的變動。

1717年，英國國王建議國債應再次私有化，英國國內的兩大金融機構，也就是英格蘭銀行[9]與南海公司，都針對國債私有化提出了各自的計畫，經過國會的熱烈討論後，決議讓南海公司以

8　Memoirs of Extraordinary Popular Delusions and the Madness of Crowds.

9　英格蘭銀行（Bank of England）即英國中央銀行。

5%的年利率取得更多的國債。

　　但在1719年，法國發生了一件對英國公司產生極大影響的事件。一位名叫約翰・羅（John Law）的聰明人在巴黎成立了西方公司（Compagnie d'Occident），殖民美國密西西比州並與其貿易往來。大量的投機炒作使得該公司的股價從8月9日的466法郎，飆漲到同年12月2日的1,705法郎。買家除了法國人，還包括了不少外國人，以致於英國大使請求英國當局採取一些措施，抑止大量英國資金持續流入法國股票交易所的密西西比泡沫。密西西比泡沫在1719年12月2日達到最高點，接踵而來的崩盤使得大量資金回流英國，尋找下一個投資目標。

　　這次事件為南海公司的投資者提供了一個很好的機會，他們現在願意接受所有的英國國債。1720年1月22日，英國下議院成立一個委員會來考量這項提議。儘管有許多警告的聲音，委員會還是通過此項提議並將其送交國會。因此，投資人對於南海公司資本擴增後的前景更加看好，幾天之後，在大量法國資金流入的推動下，南海公司股價漲到176英鎊。在這個議案還在議會進一步討論的同時，有關南海公司獲利可能巨幅暴增的謠言再度流傳，帶動股價狂飆至317英鎊。當這個議案在1720年4月7日通過時，獲利回吐的賣壓卻使股價在隔天由307英鎊下挫到278英鎊。

　　即使價格稍有下跌，但仍能使南海公司的原始股東及管理階層獲得一筆以當時標準來看為數可觀的資本利得，更何況南海公司那時已經沒有什麼實際的營運活動。此時，南海公司的胃口變得更大，新的謠言在4月12日開始流傳，並以每股300英鎊的價格發行了100萬英鎊的新股，認購人數超過兩倍，幾天後股價上升到340英鎊。南海公司接著宣布所有新股、舊股可獲配發10%

的股利，並將另以每股400英鎊的價格再發行100萬英鎊的新股。同樣的，認購人數再度破表，而南海公司的營運還是處於停滯狀態。

更多泡沫

南海公司在1717至1720年間的表現使得市場上充滿了創業家精神，股票市場上也出現了一種新的現象：有越來越多沒有理智的新股發行。這些公司就像南海公司或是西方公司一般，它們所販賣的並不是實際商品，而是一種概念與預期。就算到了新股發行日，這些公司還是完全沒有任何業務，而且是由沒有經驗的新手來管理。在投資人熱情搶購的推動下，這些公司的股價持續上升，而在這時候，投機遊戲已不再是富人的專利了，不論男女老少都加入了這個行列。很快地，大家就習慣用「泡沫」來稱呼這些公司，這是因為公司的原始股東通常在新股發行後數日就將股票賣出以獲取暴利，留給其他投資人的是一個價格超級膨脹，卻沒有任何業務能力的空殼子公司。

1720年6月11日，英國國王指稱此類公司為「公共麻煩」，宣布禁止交易這些公司的股票，違者將處以罰鍰。被禁止交易的公司有104家，它們「預期」從事的業務包括：

● 改善肥皂的製造技術

● 從鉛中提煉出銀礦

● 購買特殊裝備的船以平定海盜

● 將水銀轉化成具延展性的精密金屬

雖然政府努力抑制，但每天都有新的泡沫產生，投機熱潮持續增溫。在1720年5月28日時，南海公司（這個最早也最大的

泡沫）的股價已飆漲到550英鎊（圖4.1），而6月時，股價繼續
上漲到700英鎊。但股價在這段期間十分敏感，常常會有一些階

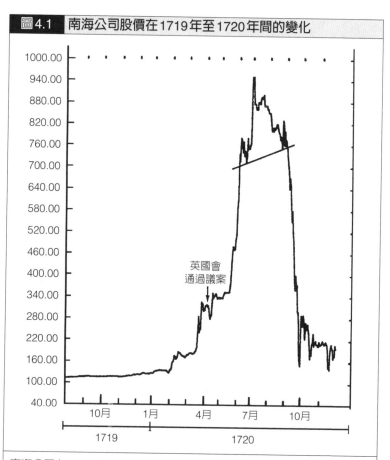

圖4.1 南海公司股價在1719年至1720年間的變化

南海公司在1720年時為英國交易所價格最高的股票，但在其成立的140年
間，南海公司從來沒有達成其成立的目標：促進漁業及貿易。圖中股價頂
點下的橫線表示頭肩形中的頸線。箭頭符號則表示英國國會通過議案讓南
海公司收購國債的日子。

段性的轉折。光是在6月3日這一天，股價在中午前跌到650英鎊，下午又反彈回750英鎊。許多大型投資人利用這個夏日高檔出脫股票獲利，再利用獲利資金繼續投資在其他商品、土地、房地產，或是其他公司的股票上。物理學家牛頓（Isaac Newton）也買了南海公司的股票，在第一波上漲時，牛頓賣出所有的南海公司股票並獲得7,000英鎊的利潤；到了夏天，牛頓又買進了南海公司的股票，此次交易卻使得他虧損20,000英鎊。

6月初的時候，南海公司的股價再度上漲，才經過一段十分迷幻的短暫時間，到了1720年的7月24日，股價再次飆高。不過此時只有很少數人意識到，投資人可以逃難的時間已經所剩不多了。這些先知包括了南海公司的原始創始者及董事會主席，他們早在夏天的高檔時就賣光了所有原先的持股。到了8月初，真相逐漸披露，股票開始穩定緩慢地下跌。

到了8月31日，南海公司宣布未來12年將支付每年50%的股利，這會掏空南海公司，而投資人的不安情緒並未因而紓緩。9月1日股價持續下跌，兩天之後跌到750英鎊，恐慌爆發。南海公司的股價持續探底，到了9月24日，南海公司的銀行宣布破產，使得股價益發快速下滑。到了9月的最後一天，南海公司的股價只剩150英鎊。短短3個月間，南海公司的股價就跌了85%。

南海公司股票崩盤後，銀行和證券經紀商首當其衝。因為很多人是向銀行大量借款來投資南海公司的股票，金融界也因而遭逢了一波破產潮。南海公司在1855年解散，在成立的140年間，該公司從來沒有在南海地區進行過一筆像樣的交易。

1929年華爾街崩盤

　　美國華爾街股市在1929年的大崩盤可謂是歷史上最大的瘋狂投機事件之寫照。在1924年之前的幾年，道瓊工業指數多在狹隘區間內震盪，只要到了110點，就會湧現強大賣壓。到了1924年底，股價終於突破此一壓力區，且1925年股價始終都保持在逾150點之上的水準，顯示了未來幾年的好日子。從1921年的低檔時期到1928年，工業生產每年成長4%，而在1928到1929年間，成長幅度更達15%。當時通貨膨脹率仍低，新產業到處萌芽。

　　氣氛越來越樂觀，再加上資金取得容易，在在皆激勵了股票投資人；而在1926年的短暫回檔過後，股價逐月上漲，並產生了新一批投資致富的投資者。也因此，許多人開始向股票經紀人融資以買進更多股票。投資信託公司的數目也隨著股票投資行為的普遍而增加。1921年時投資信託公司約有40家，但到了1927年初時則達160家，同年底更增加到300家。從1927年初到1929年秋天，投資信託公司的總資產增加逾10倍，人們對這些公司的表現也深信不疑。

　　其中最受人矚目的是高盛公司（Goldman Sachs），該公司於1928年成立高盛交易公司後，立即發行1億美元的股票，並以面額賣予其母公司。而母公司再以104元的價格將股票賣給一般投資人，獲利400萬美元。1929年2月7日，這檔股票的交易價格已達222.5美元。持有股票者也包括高盛交易公司，該公司在3月14日買進5,700萬美元的自家公司股票，當然足以支撐股價，但投資人未察覺隨後可能發生的事。

恐慌爆發

崩盤並非突然發生。但當貝伯森在1929年9月5日的演說中揭示了將回檔60~80點的預測之後，市場開始對他的警告產生回應。道瓊工業指數當日下跌10點，市場上也開始流傳有關「貝伯森突破」（Babson break）的傳言。幾天後，買盤再度返回市場，而這主要是受到耶魯大學費雪教授的積極性言論的鼓勵。費雪認為即使在目前的股市高檔，股價仍尚未完全反應其真實價值。許多報紙也紛紛刊登了正面的股市評價報導，冀以減輕此次的小幅利空衝擊。財經雜誌《巴隆》（Barron's）更在9月9日的社論中公開嘲笑貝伯森的觀點，認為他是「來自衛斯理山的預言家」，也是唯一應為此次危機負責的人。

然而，股價始終沒有達到之前的高點，到了9月底，甚至產生另一股強力的下跌賣壓，這次，股價跌到了去年夏天時的高點。市場雖然再次反彈，卻無法回到前波高點，交易量也較上次下跌時少了許多。10月15日，國家城市銀行的董事查爾斯·密卻爾（Charles Mitchell）表示：「綜合言之，股票市場的表現很好。」這篇談話也獲得費雪教授的共鳴，他表示：「我預期股市在幾個月之內就會創下新高。」

然而，到了1929年10月21日，《巴隆》的讀者可以看到一篇由圖形研究家漢彌爾敦所寫的文章，文中他提出了股市出現的不祥預兆。指數已經跌破了壓力密集區，根據漢彌爾敦的說法，如果工業指數跌破325.17點，鐵路指數跌破了168.26點，就是強烈的熊市訊號。就在當日，工業指數跌破此臨界點，而鐵路指數也在兩天後步入相同後塵。隨著成交量創下史上第三高，遠超過600萬股，股市加速重挫，為全面性的崩盤拉開序幕。

震動──而非騷動

10月24日的股票交易量達到1,200萬股,人們聚集在街道上,明顯看得出他們的恐慌。隨著情況逐漸失控,胡佛總統在10月25日做出下列宣示:「我國的基本商業活動,也就是商品的生產與銷售,仍十分穩健且興盛。」然而,胡佛的宣示就像是機師向乘客宣布引擎並未著火一般。恐慌持續擴大,幾天之後,價格持續崩跌,到了10月29日,在強大的賣壓下,市場上的恐慌程度達到最高點,1,600萬股以任何可能觸及的價格成交。而股市直到11月13日,指數跌到224點時,才漸趨穩定(見圖4.2)。那些以為股價十分便宜而冒著風險買進的投資人,可說是犯下了極大的錯誤。羅斯福試圖推行「新政」(New Deal)以挽救此次危機,結果反而導致了更大規模的蕭條。到了1930年,股價再次下挫,並在1932年7月8日跌到58點的低點。工業股跌掉了

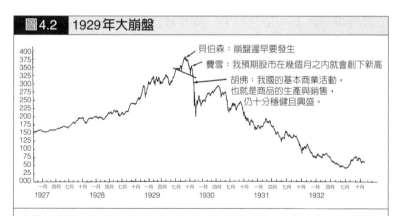

圖4.2 1929年大崩盤

貝伯森:崩盤遲早要發生
費雪:我預期股市在幾個月之內就會創下新高
胡佛:我國的基本商業活動,也就是商品的生產與銷售,仍十分穩健且興盛。

當貝伯森在1929年9月5日指出股市可能大崩盤時,大部分的人都嗤之以鼻,最後果然崩盤了,嚴重程度更甚於貝伯森的預測。隨後的3年間,股市下跌幅度達85%。如同圖4.2所示,上圖中的直線部分為頭肩形中的頸線,這大致代表了漢彌爾敦認為的「最後防線」。

85%的原始市值，而高盛公司的投資憑證只剩2美元不到。

結論究竟是什麼？

上述這三個事件的明顯結論，當然就是市場隨時可能由不理性的情緒，如希望、害怕、貪婪所完全主宰。雖然心理學可以解釋為什麼人們會有這些行為，卻無法回答以下這個問題：他們為什麼會同時行動？為了得到集體性現象的答案，我們可以請教懂得分析複雜波動的專家，也就是數學家。

假設我們有一位數學家朋友，我們告訴他這些故事，並將圖表拿給他看，他可能會先思考一下，仔細研究一下這些圖形，接著問我們：

「價格突然崩跌，沒有什麼特別事件可以解釋，對嗎？」

「沒錯。它開始時很緩慢，然後突然加速，最後變得完全歇斯底里。」

「那麼，你看過幾次這種現象？」

「整體而言，過去500年中可能發生過40到50次。不過我要提醒你，這是指大崩盤的次數。除此之外，也發生過許多次較小規模的崩盤情況，次數可能也有數千次。事實上，那是我們日常生活中的一部分。」

然後，我們的數學家朋友會點點頭，再度檢視這些圖表。會兒之後，他會拿下他的眼鏡，看著我們的眼睛，然後說道：

「你所描述的環境是我們數學家所稱的動態系統。我想

你應該聽過。」

我們會這麼回答他：

「是的，我們常聽到這個名詞。」

「我想大家都同意，從你拿給我看的圖形中，顯示這個動態系統中一定有一股傾向系統性不穩定的內在趨勢？」

「這好像是結論，沒錯。」

「所以，只有一種可能的解釋，也就是在市場中，有一股極度強烈的正回饋循環的力量。」

「正回饋循環？這是什麼意思？」

此時，數學家把圖形推到我們面前，指著它們說道：

「這是說，如果你了解動態的話，你或許可以對市場做短期的預測，但這也意味著你們不可能做出任何長期趨勢的預測。」

「這正是我們所經歷的。不過，有沒有任何數學名詞來解釋這種行為呢？」

「當然有。在數學上，我們稱它為混沌（chaos）。」

法則三：
混沌主宰一切

即使沒有外在衝擊，而且社會系統是由其自身的理性邏
輯控制，在此情況下，社會系統的發展仍然無法預測，
些微的政策改變就可能產生完全不同的行為類型；了解
到這樣的事實，我們的觀念將會有重大的改變。

——莫斯奇德（E. Mosekilde）、拉森（E.R. Larsen）、
·及史特曼（J.D. Sterman）

這是一個黑暗的暴風雨夜晚，雷電交加且夾雜著狂風暴雨，
大雨在地面上匯聚成河流。黎明破曉時，第一縷陽光射破冰冷的
空氣，水開始從土壤中蒸發。

愛德華・羅倫茲（Edward Lorenz）的氣象學電腦模型是一
個很有意思的東西，自從這個模型於1960年完成後，羅倫茲就
終日待在麻省理工學院的實驗室裡研究人工天氣變化模型。羅倫
茲的模型雖然很詳細，但主要原理其實很簡單：只要將某張氣象
觀測圖載入電腦，模型可代入其所提供的變數值來計算預測值，
而此預測值又將用來做為下一次計算之變數值，這個步驟再持續
重複下去。

電腦模型的連續計算可以模擬天氣在24小時內每分鐘的變化，計算完成後，羅倫茲的電腦螢幕成了展示未來天氣變化的舞台：高氣壓與低氣壓交雜，颶風在微風吹拂後接踵而至，而慵懶的夏日之後，緊跟著是黑暗的暴風雨夜晚。

羅倫茲模型不僅讓人興奮，更重要的是，這個模型充滿了很多種可能，或許有一天，這個模型可以用來預測好幾個月之後的天氣變化。

不過，在1961年的某個冬日，羅倫茲發現了一個很不尋常、也很奇怪的現象。他決定重新檢視前一個模擬結果，並以較長的序列取代。這一次他決定走捷徑：他利用上次模擬中列印出來的結果輸入電腦作為起始輸入值，按下鍵盤讓模型開始運行，就走到走廊上去喝杯咖啡，羅倫茲完全沒想到，電腦模型產生十分奇怪的結果。

蝴蝶效應

羅倫茲回來看到結果後感到十分訝異，應該和上次計算結果相同的電腦模型，此次卻產生了截然不同的結果，而且，越到後面差異越大，2個月之後的結果和第一次的計算結果幾乎沒有相同之處。

羅倫茲起先將此現象歸咎於電腦的錯誤，但他很快就發現真正的原因。他所輸入的起始輸入值是3位小數，但電腦運算處理器是以6位小數作計算，這是個很重大的差異。他直覺認為可以捨棄掉最後3位小數的數值，因為這些單位是氣象學儀器所能測度到的邊緣範圍。千分之一度，甚或更小的度數會很重要嗎？在羅倫茲的氣象模型中，這些微小數目卻有相當大的重要性。

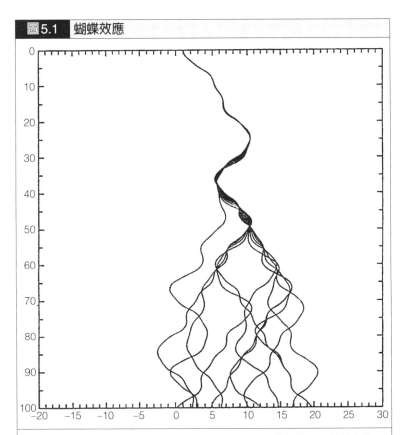

圖5.1　蝴蝶效應

圖形顯示11個物體自不平滑的斜坡上滑下來的數學模擬結果。斜坡上的凹陷與突起處係以正弦形式排列，而斜坡長度為100公尺，在模擬試驗時，這11個物體的水平距離僅有5公厘，開始的速度也一樣，大約滑行30公尺後，這11個物體彼此間的距離明顯擴大，而在100公尺之後，其中2個物體間的距離竟達20公尺。另一個有趣的地方在於，若將此圖倒過來看，就像抽菸時的煙霧形狀。

資料來源：愛德華・羅倫茲，氣象學與物理海洋學中心，美國麻州。

　　羅倫茲觀察到的結果並不是氣象學的特有現象，而是一種普通但科學家卻從未注意到的數學現象。這種現象很快地被命名為

「蝴蝶效應」,正如實際模擬結果所示,系統的複雜計算結果會受到起始值相當大的影響,因此,一隻遠在巴西的蝴蝶拍動翅膀,都可能成為德州發生龍捲風的成因(羅倫茲,1979)。若以金融用語來說,就像布魯塞爾的老婆婆賣了幾張債券,卻可能引發日本市場的崩跌!看起來,這種密切關聯性並不只存在於複雜系統中,蝴蝶效應也會出現在不穩定的簡單非線性模型裡。

定態混沌

這個發現產生了革命性的影響,想像地球的表面被三維空間的氣象站網路所包圍,每一個氣象站的距離僅30公分,並且每分鐘都會向主機系統傳輸資料。再假設這個電腦的功能十分強大,足以完全正確地處理全球氣象變化模型。即使上述這些假設都成立,也不大可能得到關於1個月後天氣情況的可靠預測。這個結論和羅倫茲起先的想法背道而馳,也讓很多人出乎意料:羅倫茲證明了永遠不可能做出長天期的天氣預測。

蝴蝶效應是複雜數學現象中的一個小細節,在此之後,我們將其稱為「定態混沌」。根據杰拉·塞爾(Chera L. Sayers)的定義,具有定態混沌特性的過程,是由一個具完全確定性的系統所產生,但在標準時間序列下又呈隨機特性。我們周遭皆被混沌所包圍,設想一個安靜房間中的煙靄變化過程,數以千計的細小煙霧分子在熱空氣的傳導下直線上升,突然間這個直線煙霧被打斷了,被呈螺旋狀轉動的波動所取代,而這原先呈線性流動的氣流就轉化成混沌。而且,這種現象會在任何地方發生。再想想足球賽的例子,即使是再厲害的專家,也無法預料到10秒鐘後球會被踢往何處。

　　混沌的起源主要是與自我強化機制有關。試想在一個系統中，若事件A引發事件B，事件B導致事件C，而事件C又導致事件A的話，這就是一個簡單的正回饋循環。

　　如果我們試著以描述氣象學的方式來簡單敘述一國經濟的相互關連性，會面臨到許多複雜的機制。最著名的例子就是所謂的乘數效果與加速效果、囤積行為、對成長預期的自我提升（跟上別人的腳步），以及由於勞動力／資本替代所衍生出的擴大資本需求等。許多類似的回饋循環表示系統中並沒有一個簡單的均衡點，反而是呈現出來回振盪，甚或更複雜的波動型態。每一個正回饋循環都有助於經濟現象的自我增強特質，直到出現其他可以阻擋此循環的機制。為了正確地描述這種系統型態，得借助複雜的非線性數學才行。

不可預測性做為一種內生性的特質

　　傳統上，經濟模擬分析係奠基於均衡函數的線性模型之上，這些模擬分析可以顯示出經濟體系內的所有因素如何持續性地自我調整，以適應彼此的改變，但是並沒正確地反映出許多正回饋循環的作用。而即使有考量到回饋循環，通常也是負回饋循環，也就是會導致模型趨於穩定的回饋，而不是會導致不穩定性的正回饋循環。這些模型在實務上的表現很差，我們通常是以「隨機的外生性干擾」，或是模型細節正確性不足來加以解釋。

　　基於上述原因，第一次非線性電腦模型的模擬結果對學術圈形成相當大的震撼。大家突然發現原來線性模型不只是不完備，甚至可能徹頭徹尾的不正確。

　　更重要的是，即使是理論上正確的定態、有結構性的非線性

模型，也可能會得到完全無法預料到的結果。這意味了系統不僅會被隨機的外生性因素所影響，而且不可預測性本身可能就是總體經濟系統所固有的內生性本質。我們可以用分岔（bifurcation）來解釋上述論點。

羅伯・梅的祕密

　　第一個描述分岔現象的學者為澳洲生物學家羅伯・梅（Robert May），早在1970年代初期，他就發展出一個可模擬魚類數量的數學模型。當他將一個代表魚類繁殖趨勢的變數輸入一個較小的數值時，發現魚的數量其實有一個生態平衡點。如果魚的數量超出了生態平衡點，會以逐漸減少的擺盪方式回到此平衡點。這是大家都可以預期到的結果。不過，當梅輸入一個較大的數值時，魚的數量反而會持續上下波動，無法穩定下來。這個模型所顯示的預測具有完全不同的本質：也就是混沌。

　　梅認為這個結果有點神祕難解，因此他為魚類繁殖趨勢變數輸入所有可能的值，檢視模型的最後結果，結果十分驚人，當變數值很小時，這種魚類最後將會絕跡，若變數值逐步增加至某個水準時，這種魚類會存活下來，並可以得到一條顯示出均衡點的平滑曲線：也就是當繁殖趨勢變數值越高時，魚類數量的均衡點也越高。

　　然而，在某個數值以後，這條曲線突然分成兩個分支。這顯示魚類數量是在兩個不同的均衡點中來回擺盪。這種現象即稱為分岔，而且迥異於傳統觀念。如果梅繼續增加繁殖趨勢的變數值，結果會變得更加奇怪：均衡點的數量會從現在的2個增加為4個，然後是8個，16個，32個……，最終出現混沌現象。

　　分岔現象不僅可見於生態學，1964年羅倫茲在Tellus雜誌發表一篇名為〈由控制方程式推論氣候的問題〉論文，他提出了地球可能不只存在一種均衡氣候的理論。事實上，氣候學家的模擬模型似乎都有一種會反覆的趨勢，三不五時氣候會突然轉變成全球性冰凍，而且與現在氣候一樣的穩定。如果羅倫茲的理論正確的話，那麼冰河時期可能就是分岔理論的結果，不然就是上帝本人才知道的公式所造成的。

　　分岔可歸因於主導的正回饋循環突然發生轉變。回到經濟系統的例子，艾文‧拉斯洛（Ervin Laszlo）曾提出以下的理論架構，將影響經濟系統循環主導性的因素分為下列三大類：

- 技術革新
- 衝突與征服
- 社會與經濟騷動，如原物料短缺、金融危機等

　　根據拉斯洛的觀點，經濟系統會從一個不複雜的狀態，如簡單的循環波動，轉移至一個更加複雜，例如在兩個均衡點中來回擺盪的狀態。當某個參數數值超出其臨界值的時候，就會發生上述情況。假設現在原物料供應商形成了聯合壟斷，對價格進行壟斷，其價格變化趨勢會從傳統上隨著商業週期波動的型態轉變成大起大落；某幾年價格過高（價格控制），某幾年又價格過低（壟斷機制瓦解，市場恢復競爭）。此時，系統的另一種均衡狀態可能是低通貨膨脹與通貨膨脹飆漲（hyperinflation），或是低稅負與高稅負。

　　關鍵性參數的壓力越大，就會產生更多的分岔。這種不斷交錯的分岔過程，根據其發現者的名字被命名為費根波串聯（Feigenbaum cascade），而這個過程最終會走向混沌。

經濟及金融混沌

　　直覺上看起來，經濟與金融均衡似乎是取決於蝴蝶效應與分岔現象。或者換句話說，取決於混沌。不過，經濟理論學者在很長一段時間後才開始研究混沌現象。1980年代初期，研究人員開始致力於經濟混沌指標的研究，隨後幾年亦發表了一系列重要的研究發現（如Ploeg 1985, Chirella1986, Chen 1986, Lorenz 1987, Rasmussen & Mosekilde 1988）。持續鑽研下去，就會發現更多存在經濟系統中的混沌現象。

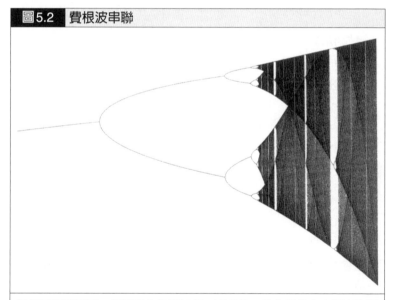

圖5.2	費根波串聯

這個圖形顯示了一個簡單的均衡如何一再分岔，並在最後走向混沌的過程。分岔是由簡單的數學方程式〔$X_n + 1 = r \times X_n (1-X_n)$〕所產生的，其中，r參數（水平軸）由1.68逐漸增加至4.00。

投資人、混沌理論者及隨機漫步理論者

經濟學家在唸書時所學的是：金融資產的價格是隨機變動。當他們畢業後在華爾街找到工作，工作的內容就是要試著戰勝市場。這會有什麼不一致的地方？

問題	投資者的觀點	隨機漫步理論者的觀點	混沌理論者的觀點
市場變動是否具結構性？	市場有結構，並可由此歸納出規則。	統計研究明白顯示金融資產價格是隨機變動。如果在某段時間它不是隨機變動，而可以適用某些規則，很快的這些規則就會因為大家的普遍利用而失去價值。	如果用傳統的統計方法來檢驗，混沌時間序列資料會呈現出隨機性。不過如果改以混沌法則測試，就會發現混沌的存在。因此，有時規則或許會成功，但是其交互作用十分複雜，因為市場裡有許多既有的正回饋效果。
原則上能否戰勝市場？	是的。只要你技巧夠，金融市場有時候是可以預測的。	沒有人可以預測隨機發生的事。	混沌系統的行為難以預測，但這並不表示其本質就是完全不可能預測的。
有人能夠持續戰勝市場嗎？	沒有人可以永遠戰勝市場，但好的交易者具有比較好的條件。	這是運氣與統計的問題。總是有人會比一般人幸運一點。	這應該是技術與統計的問題。總是有人會比一般人聰明一點。

　　現在已有許多跡象顯示，在經濟與金融的次系統中，的確存在內生的長期不可預測性。即使抑制機制的力量很大，或是混沌並未出現在現有的參數間隔內，但來自其他混沌次系統的衝擊仍將引發很大的不確定性。這個問題可用在急流中漂浮的樹幹來比喻；即使我們已經知道流體動力學、水文及河床形狀，我們仍然不可能計算出這個樹幹在未來幾公尺後的漂浮路徑。同樣的，我們也無法從樹幹現在的位置推算出它是從哪一個方向漂來的。經濟體的情況與此相當類似。

　　因此，目前的共識是認為定態混沌可以解釋長期的經濟預測為什麼毫無價值，而線性模型根本無法描述真實的情況。此外，我們亦了解到，動態系統常常會在不同的規模重複出現同樣的現象，而這也增加了從事預測的難度。

　　現代科學清楚地顯示，金融市場實際上是由可產生高階混沌的強力循環所主導，而高階混沌很難用數學來加以解釋。部分證據顯示，數學實驗結果發現「有些」因素是非隨機的，而反覆出現的泡沫與崩盤現象，則可以證明強力的回饋循環的確存在。

對經濟的了解並非不重要

　　如果混沌就是我們所發現的現象，那分析師企圖對真實價值進行精確計算的努力似乎與鍊金術差不多了。要記住，股票的真實價值是該公司所有未來利潤的折現值。如果我們只能預測1年，甚至6個月或更短的時間，那麼前面那句定義看起來就十分可笑了。

　　或許我們應該回想凱因斯早期對於專業人士行為的描述：

……事實上，大部分人最關心的並非如何對某項投資在整個週期中所能產生的收益作出最佳的預測，而是能夠比普羅大眾稍微早一點預見到一般習慣的評價方式的改變。

這個結論並不是說經濟的洞察力與股票交易無關——絕對不是這個意思。不過，混沌現象的精髓在於，想要預測事件的長期變化趨勢，或是進行長期量化預測的努力，幾乎是徒勞無功。即使是凱因斯也無法了解非線性數學的更深層影響。他在《就業、利息與貨幣的一般理論》一書的結論中指出：

現在要根據真正的長期預期來進行投資十分困難，甚至幾乎完全不可能。有這種企圖的人必須作更多工作，所承擔的風險也比較高。相較之下，只希望猜測技巧能夠比群眾略勝一籌的人就比較輕鬆。若是這兩個人的智力相當，前者甚至可能犯下更多的重大錯誤。

法則四：
圖形會自我實現

絕對不要盲目追隨群眾。

——伯納德‧巴魯克

事實上，跟隨群眾的感覺相當舒服。

——亞當‧史密斯（Adam Smith）

我們現在要說一個故事，姑且不論它的真假，有一位叫約翰‧孟德爾頌（John Mendelson）的人，他是美國添惠雷諾（Dean Witter Reynolds）證券公司的技術分析師，他在和兒子一起釣魚時得到一個結論，認為美股即將下跌。

先不管他如何得到這個結論，但他的確在接下來的週一策略會議中，成功地說服了同公司的60位營業員：股市已經觸頂。會議結束後，大家急忙去找電話傳遞消息。結果，在當天營業日結束之前，這個消息已經傳遍了600位法人戶，而道瓊工業指數當日也下跌62點。一個人的話就引發市場的大幅狂跌，而這天是1986年7月7日。

一個月之後，股市再度逐漸上漲，到了上波高點左右的水

準，股價開始盤整，此時，沒有人料想到另一波更大規模的攻擊正等在他們的眼前。

到了同年的9月11日，禮拜四，歐洲盤的交易開始傳言美國的通貨膨脹率上升，使得美國公債期貨下跌，但下跌幅度並不若前1週的跌幅。然而，股市的暴風雨卻已然形成。

當美國盤開始交易後，許多人開始大量拋售標準普爾500指數期貨，使其跌到比現貨價還低2~4點，這也同步引發電腦自動交易系統自動發出大量賣出指令。而現貨股價的下跌又使得期貨進一步下挫，這個自我加強的循環持續下去，直到道瓊工業指數以下挫87點收盤。這個黑色星期四的隔天，指數持續下跌34點，直到跌到前波低點時才獲得支撐。

從圖6.1中不難看出黑色星期一與黑色星期四。

影響股票交易的最重要因素

黑色星期四過了沒有多久，美國經濟學家羅伯‧席勒（Robert Shiller, 1986）對全國175位法人投資者及125位主力散戶隨機寄發問卷，詢問他們在這段時間買進或賣出股票的理由是什麼。結果，在113封回函中，沒有任何一個人談到媒體所歸咎的下跌因素：財經消息或是傳言。事實上，只有3封回函提及確實的財經消息或傳言。他們所強調的因素與財經消息毫不相關，也就是市場自己開始下跌了。這些投資人不是因為通貨膨脹率上升才賣出股票，他們賣股票的理由很簡單，就是：市場開始下跌了。

席勒在1987年全球性崩盤後所做的研究中亦得到相同的結論，在1987年10月19日到23日期間，他向2000位個人投資者及1000位法人寄發問卷，得到605位散戶和284個法人機構的回

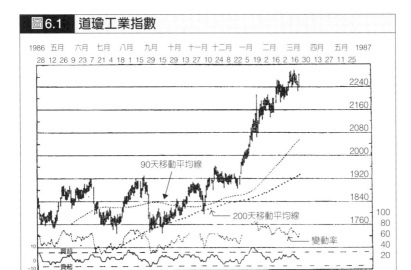

本圖為道瓊工業指數自1986年5月至1987年3月間的每日交易價格區間與收盤價。從圖形中可以清楚看出1986年的兩次主要下跌。本圖亦有標示90日及200日之移動平均線、變動率及買、賣超部位。本書稍後會介紹這些指標的意義。

資料來源：劍橋投資研究（Investment Research of Cambridge）

覆。在這項重要研究中，席勒詢問投資人：什麼是影響股價下跌的最重要因素？結果還是一樣，既不是財經消息也不是政治新聞，影響最大的還是股票價格本身。之前債券與股價的下跌已經對投資人造成了深遠的影響，遠超過媒體上其他消息的影響力。

席勒的調查中還有一個有趣的部分，那就是投資人對於「真實價值」的看法。他先問投資人在9月12日至10月12日這段期間，也就是崩盤之前，是屬於淨買方、淨賣方或是中立者。接著他再問投資人，是否認為股市在這段期間較其基本價值高估了。分析了投資人的答案後，席勒得到一個互相矛盾的結果：超過

68.1％的散戶和93.1％的法人受訪者認為，此段時間的股市市值被高估了，但他們仍持續買入。同樣有意思的是，超過10％的受訪者表示，直到崩盤之前，他們都遵循著停損原則（就是說他們會在股價跌破某一水準時賣出），通常採用此停損原則的動機是因為投資人無法承擔更大的損失，結果，一旦價格跌破關鍵價位，反而會使賣單傾巢而出。

席勒也詢問受訪者個人是否受到股價跌破200日移動平均線，亦即所謂的長期趨勢線之影響。關於此問題，37.3％的散戶和33.3％的法人投資人再度給了肯定的答案，顯示價格波動本身就是促使人們賣出或買入的重要力量。

凱因斯和選美比賽

在這個正回饋循環中，人們專注於猜想別人會做些什麼，凱因斯曾以「選美比賽」的比喻來巧妙描述出這種現象。他將股票市場比擬成報紙上的選美比賽，參賽者將從100張女性照片中選出一張自己認為最美麗的（凱因斯，1936）：

> 這並非根據我們的判斷力去選出最美的，也不是去選一般人認為最美的。我們現在已經到了第三種境界，那就是運用我們的智力，去推測一般人認為其他「一般人」的想法是什麼。

我們現在還沒有達到上述所指的境界，不過，毫無疑問的，現今許多最投機的市場模式只能用下列事實來解釋，那就是無數的投資人在同樣的圖形上劃著同樣的線，或是在電腦上裝有相同的電腦軟體。有些營業員可以看出根據特定邏輯假設所建立的模

式，但其他人什麼都看不出來，只想到處找趨勢。不過，即使模式完全一致，當使用它的營業員增加時，也會產生出強烈的訊號。

　　雖然媒體想要用政治、財經事件的角度來解讀股市的波動，但在營業員眼中，可完全不是這麼一回事，他們認為自己是「在一個通道（channel）間進行交易」、「我們在測試壓力線」又或者是「股市剛跌破20日移動平均線，但明天就會上漲，因為變動率（rate of change）已經超過90」（稍後會解釋這些名詞的意義）。圖6.2和6.3即顯示出上述現象。

　　因此，廣泛使用圖形分析背後所隱含的意義在於，它並不僅

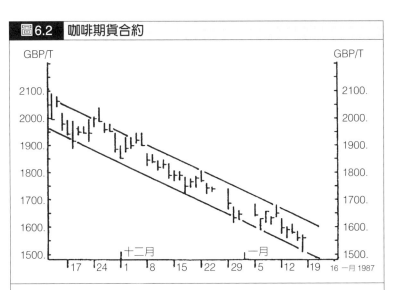

圖6.2　咖啡期貨合約

本圖顯示咖啡期貨合約在1986~87年間的價格趨勢。我們可以看到，市場在一個平行四邊形，也就是一個通道區間內移動。當人們在自己的圖形中發現這個現象時，這個圖形就會自我實現。注意：本圖中的通道自一開始即以收盤價來描繪。

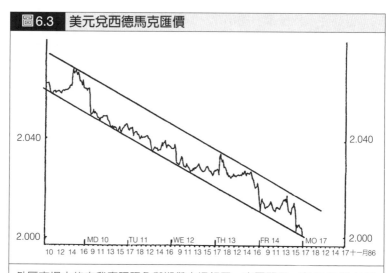

圖6.3 美元兌西德馬克匯價

外匯市場中的自我實現現象與期貨市場相同。本圖顯示，在1986年11月中的連續7日間，美元兌馬克匯價係在一個清楚的通道間移動，此通道的下限曾被觸及了13次。

是了解市場情勢的一種技巧，有時候這種分析反而促成了心理現象的產生。但我們要記著，這個規則也有結束的訊號，那就是如果每一個人都做出了相同的分析，這個圖形就不再自我強化，反而會自我毀滅。

自我毀滅的圖形訊號

假設市場是由1000位資金充足的投資人所組成，其中900位是想法相同的圖形論者，另外的100位則是基本分析論者。所有投資人都是多頭，因此他們都買進股票，促使股價穩定上升，不過到了某一個特定價格，如前波高點，900位圖形論者傾向退

場，也就是賣出。當市場走勢真的到達這個價格點時，越來越多的圖形論者停止買進，只剩100位可憐的基本分析論者還在買股票。由於買方力量不足，許多賣單是以低於預期的價格成交。

當股價再度上升時，那100位基本分析論者已經學到教訓，決定如果再碰到了前波高點，他們也要出場。這時候，所有1000位投資人都成了圖形論者，他們都在等同一個價格點，不過，有兩件事已經不一樣了；首先，沒有人還會在接近這個價格的附近區間買入，其次，許多人決定要更早走一步，以使賣單成交。因此，股價再也無法真正觸及到這個特定的價格點，圖形訊號使得圖形自我毀滅。

在某些情況下，圖形也會因為一些其他的原因而自我毀滅。在成交量較小的市場中，一家或好幾家的市場參與者會利用大量下單的方式，將股價帶到重要的心理關卡，以激發大量的停損單。比方說，如果160元是重要的心理關卡，許多投資人會指示他們的營業員，一旦股價低於此水準就要立即賣出。因此在成交量小的市場裡，大型主力會將價格壓到比160元還低的價位，促發所有的停損賣單，然後再推升價格返回此關卡之上，並得以獲取相當高額的獲利。當其他的圖形論者隔天早上上班時，市場正處於他們所預期的價格上，可是前述的小戲法已經把他們都踢出場了。

實際上，圖形論者通常使用的方法不只一種，而且他們僅占市場參與者的一小部分。互不相識的圖形論者仍會猜測彼此的想法，共同控制市場，以形成各種可能的美好圖形。每一次，遊戲都會持續發展到所有人都能觀察到的水準，然後，圖形就會自我毀滅。但在此同時，新的圖形論者繼續加入，並且看到新的趨勢形成……。

難怪許多人最後了解到市場真實的這一面，他們會發出如同史考特爵士終於抵達南極時的讚嘆：「偉大的上帝！這真是個美妙的地方！」

第三篇
人的心理學

大腦皮質層的腦回是尚待征服的新領域。

——亞瑟·柯斯勒（Arthur Koestler）

心理學的起源

如果大腦簡單到可以為人類所理解，那我們就真的太單純了。

——萊爾‧華森（Lyall Watson）

古早時代

本書主題是金融心理學，我們先將市場放在一邊，轉而討論心理學。

心理學是一門相當有趣的學科，它也存在了數千年之久。現存最古老的心理學相關文獻應該是亞里斯多德所寫的《記憶與回憶》[10]，完成於西元前350年。

心理學的研究重點在於我們的想法與感覺，當然也包括處理這些想法與感覺的大腦。加倫諾（Claudius Galeno）在西元170年進行的大腦解剖實驗中即顯示了對此領域的興趣；到了西元

10　On Memory and Reminiscence.

1020年，亞維森納（Avicenna）的研究則進一步地發現了大腦中有五個不同的區域負責處理五項不同的事情，分別是感覺、想像、思考、判斷與記憶。

第一本關於心理學的一般性著作是由馬可・馬汝力克（Marco Marulik）在西元1524年所出版的《人類思想心理學》[11]。隨後，Glocenius, Cassman, Neuhaus等人亦相繼出版許多相關著作。到了19世紀中期，一些基本理論已經獲得充分的客觀證據的支持，例如前面曾提到大腦具有不同區域負責不同心智功能的假設。法國籍的神經學者布亞爾德（Jean-Baptiste Bouillard）在1848年曾做了一件很出名的事，他表示願意付給任何人500法郎，只要這個人能夠找到一個有語言困難、但大腦左前葉沒有任何損傷的人。

威廉・翁特：心理學之父

儘管之前已經有不少相關的研究與著作，德國科學家威廉・翁特（William Wundt, 1832-1920）還是被視為心理學基礎之奠定者。為什麼呢？

首先，他建立了有史以來第一個心理學實驗室（至少是第一個持續運作了一段時間的實驗室），翁特通常研究一些定義明確的問題，例如：反射作用行動的速度及神經抑止等。他針對這些問題進行科學實驗，並將其研究結果發表在於1873年出版的《生理心理學原理》[12]這本經典著述中。

---

[11] The Psychology of Human Thought.

[12] Principles of Physiological Psychology.

　　翁特視心理學為一種須調查意識事實的科學，他研究感覺如
何伴隨著知覺作用（sensation），他並認為，精神的組合並非來
自於其組成要素的加總。

結構主義學派：化約到最小單位

　　翁特後來被視為結構主義心理學之父，這個學派所抱持的共
同科學法則，就是將問題分解到最小的次分子（sub-components）
來個別研究。他的實驗方式是依賴有意識經驗的人來訴說他自己
的感覺。這種實驗方法被稱為「內省法」（introspection）。

　　翁特並不是為結構主義學派命名的人。翁特的學生愛德華・
伯瑞佛・柴欽納（Edward Bradfor Titchener, 1867-1927）將翁特
的研究結果翻譯成其他種語文，並將翁特的理論命名為「結構主
義學派」。柴欽納不僅翻譯老師的研究成果，本身亦撰寫不少著
作，在1901年至1905年間，他出版了四卷《實驗心理學手冊》
[13]，對心理學實驗研究有相當卓越的貢獻。

　　翁特學派在隨後數年中有不少的追隨者，包括荷曼・愛賓浩
斯（Hermann Ebbinghaus, 1850-1909）、喬治勒斯・慕勒
（Georgelias Muller, 1850-1934）、法蘭斯・布列塔諾（Franz
Bretano, 1838-1917）、卡爾・司鄧福（Carl Stumpf, 1848-1936）
及歐斯渥・庫伯（Oswald Kulpe, 1862-1915）。愛賓浩斯的貢獻
來自於他對記憶功能的重要研究；慕勒對記憶、學習及視覺，以
及布列塔諾對感知、觀察、表現、判斷及渴望的研究也有相當貢
獻。後來成為翁特主要對手的司鄧福則試圖將情緒分解為更小的

---

13 Manual of Experimental Psychology.

分子，也就是感覺。庫伯原先在翁特門下學習，後來在符滋堡創立自己的心理實驗室，他的研究發現，某些想法與特定的字彙、符號或象徵並無關係，顯示內省法並不一定適用。

何内·笛卡爾的「動物精神」

　　精神與肉體間有什麼關係？有什麼區別？關於此問題的討論可以追溯到古希臘時期，不過，真正系統性的研究卻是由集數學家、哲學家及生理學家於一身的法國學者何内·笛卡爾（Rene Descartes, 1596-1650）所提出。

　　笛卡爾出生於杜翰（Touraine），自他8歲起就在教會學校接受教育。早在孩提時代開始，笛卡爾就已經對數學確定性與哲學爭議特質間的強烈對比產生相當大的興趣，他認為哲學應該可以發展成與數學一樣精確的科學。

　　笛卡爾在1612年離開法國至荷蘭定居，直到1628年始離開。居住在荷蘭的時候，他發表一系列的著作，為後來精神與肉體間關係的研究者訂出了主要的研究方向。其中第一本書《人論》[14]於1633年完成，但他害怕這本書無法通過審查，決定暫不出版。結果，《人論》在笛卡爾死後出版，而且相當具影響力。這本書描述外在情緒如何去影響神經細胞，以及「動物精神」（animal spirit）如何影響相關的神經。在本書及其後的出版品中，笛卡爾認為理性的靈魂不同於肉體，它是透過松果腺與肉體維持關連性，而且，理性靈魂不一定能夠感受到由神經傳遞的動物精神。一旦能夠感受到時，這個結果就是意識知覺，也就是肉體會影響精神。不過，靈魂本身也可能激發出不同的動物精神流出，換句話說，精神也會影響肉體。不過，這兩者的作用是分開的。

---

14 De Homine.

　　早期的心理學家們想法差異很大，也因為這些差異，使得不同學派中又衍生出不同分支，或是建立了新的學派。其中一支與德國結構主義學派觀點不同的新學派就是美國的功能主義學派。

功能主義學派：精神河流

　　功能主義學派主要是由威廉・詹姆士（William James, 1842-1910）所創立的。詹姆士 27 歲時獲得哈佛大學的醫學學位，但在同時，他發現身體健康出了些問題，使他的意志嚴重消沉，而根據他過去對德國心理學的研究，認為精神變化非個人所能控制的，這種想法使他更加沮喪。有一天他讀到一篇由查爾斯・荷努威（Charles Renouvier）所寫的論自由意志的文章，而這篇文章竟改變了他的一生。他認為自由意志並非只是幻象，並且決定：

　　我的第一項自由意志行為就是去相信自由意志。

　　詹姆士一開始是從事化學方面的工作，可是後來因為實驗室工作要求太多，他很快就放棄了，並轉而思考心理學（他稱心理學為「討厭的小科學和對明顯事物的精心粉飾」）是否可能發展成一門嚴謹的科學。1872 年，他停止在哈佛大學教授生理學，3 年後，他成為美國第一位實驗心理學教授。詹姆士在 1890 年出版他第一本，也是十分有影響力的著作──《心理學原則》[15]。這本書特別強調：

---

15 Principles of Psychology.

- 人類本性中非理性的一面
- 信仰如何受情緒影響
- 人類慾望與需求如何影響理智與觀念的形成
- 身體如何影響智識

詹姆士的結論認為，翁特將問題分解成更小的單位，再個別詢問其想法或感覺的內省法應用在心理學上時，效果並沒那麼好，甚至可能完全沒用。內省法不成功之處在於許多的人類行為是無意識下的產物，而且研究者並無法深入受訪者的思考過程。詹姆士曾說（1892）：

> 思想湧現得很突然，我們幾乎無法在做成結論前捕捉到它。就算我們很敏銳地捕捉到它，但它馬上就不是原本的樣子了。我們可以看到，精神總是充滿了許多的可能性。意識是彼此間的比較，透過強化與約束的作用去選擇某些，壓抑其他。

詹姆士對翁特的抨擊越來越強烈，甚至到公開鄙夷的程度：

> 過去幾年，德國開始盛行所謂的微細心理學，透過實驗方法取得每一刻的反思資料，但這種方法所採用的大規模研究以及取統計平均值的方式，忽略了這些資料的不確定性。這種方法使病人備受折磨，幾乎不可能在其他國家盛行。

不過，有趣的是，這項批評並非十分公平。結構主義學派已證明這個方法能夠成功地解釋許多心理現象。

不過詹姆士的功能主義學派也有不少優點，因而得以快速發

展。由於該學派從非常複雜的面向來檢視心智的作用過程，因此
他們研究方法並不狹隘。對於功能主義學派論者而言，他們其實
很實際，只要能夠解決問題，每一種方法都值得嘗試。這種態度
使得他們對於以動物進行實驗，藉以了解人類心智的看法抱持開
放的觀點，此外，即使內省法無法提供可信賴的資料，他們也會
去研究心智失常的病人。這些研究的主要目標，就是不只了解單
一的情緒或想法本身，而是思想的功能；精神的持續流動如何帶
領我們達成預期目標，並幫助我們適應環境。

習慣的養成

習慣是思想的函數，詹姆士對習慣的養成特別有興趣。他將
生命視為習慣的組合，而習慣是在神經系統中所養成的。我們常
做的事情就會變得比較容易，不需要再花太多的注意力，因此，
很容易會養成習慣：

> 我們可以觀察到個性中的小缺陷，思想的花招、偏見，
> 以及做事的方式。簡言之，人們很難改變自己的本性。
> 總體而言，我們最好不要去試著改變自己。到了30歲
> 的時候，大部分人的個性就像石膏一樣，很難改變了。

當詹姆士正在進行自己的研究時，柴欽納已對功能學派提出
正式的描述。在他於1898年所出版的《結構心理學假說》[16] 一
書中，柴欽納比較了結構主義學派與功能學派論點上的差異。

---

16 The Postulates of a Structural Psychology.

　　功能主義學派在美國十分盛行，進而在全美推廣了心理學的發展與應用。之後，約翰・杜威（John Dewey, 1859-1952）、詹姆士・安格爾（James Rowland Angell, 1869-1949），及哈維・卡爾（Harvey Carr, 1873-1954）也對功能學派的發展貢獻良多。隨著其發展，功能學派的實驗室數目日益增加，從1880年時一個都沒有，到1900年時增加到42個。1903年時，除了化學、動物學與物理學外，心理學博士已成為當時最熱門的學位。此外，也由於功能學派的成功，研究重鎮亦由德國轉移到美國；1930年代時，50%的心理學學術論文是以德文撰寫的，僅有30%是用英文，但到了1933年，以英文寫作的論文數增加到52%，而以德文寫作的則遽減到僅剩14%。

　　不過，結構主義學派與功能主義學派僅為引發土石流的小石塊，這兩個學派在20世紀初期達到巔峰，隨後即被新興起的學派所取代。這些新學派抱持比較激進的論點，認為心理學家不應研究情緒與思想，在此之中的先行者首推俄國心理學家伊凡・帕夫洛夫（Ivan Pavlov）。

威廉・詹姆士論人們如何接受新的意見

在1907年出版的《實用主義》一書中，詹姆士談到了人們如何接受新的意見：過程是都一樣的，每個人心中都已經有一堆固有的想法，新的經驗會使他們的部分舊經驗處於緊張狀態。

- 有些人會駁斥。
- 思考一會兒之後，人們會發現許多論點互相矛盾。
- 人們開始聽到這些不協調的事物。
- 由於舊的想法已無法滿足，新的慾望就此產生。

結果是人們產生了內在的困擾，對人們的心智來說，這是異常陌生的狀況，人們於是試圖去修正舊的想法以避免這些內在困擾：

- 個人會儘量保有舊想法（由此可見我們是極端的保守派人士）。
- 舊意見對改變的抵制程度不同。
- 個人試著去改變所有現狀。

最後，人們找到了一些可以與舊想法銜接的新觀點，而且也不會對其他想法造成太大的影響：

- 新想法是新、舊觀點之間的中介。
- 新想法恰當地融合新、舊觀點。

於是，新想法被接受為真正的觀點：

- 新想法會保留舊想法，僅將予以些微的修正，使其能夠接受新的事物。
- 極度違反常理的解釋，違背人們先前的理解，永遠不會成為真正的觀點。

人類信念的最激烈變革在於背棄人部分的舊想法。

新的事實一定是介於兩者之間，扮演圓滑的過渡性角色。

我的論述重點在於，請大家回顧過去的舊觀念扮演的角色。

重要心理學派的誕生

思想的迷失是肇因於對它的不了解。

——保羅·菲克斯（Paul Fix）

　　帕夫洛夫研究動物對於刺激的反應。在他最著名的實驗中，他餵狗兒吃飯時必定搖鈴，因此，只要狗兒聽到鈴聲，就知道有食物吃了，於是，狗兒自然而然地開始流口水。帕夫洛夫試著只搖鈴而不餵狗兒食物，發現狗兒一樣會有流口水的反應。他發現自己已成功地利用鈴聲來制約了狗兒的流口水行為。

　　帕夫洛夫的實驗啟發了行為主義學派（Behaviourism）的產生。另一位也對行為學派產生啟蒙的學者為艾德華·桑戴克（Edward Thorndike, 1874-1949），他試著透過對於動物行為的研究，發展出客觀且機械式的學習理論。他發明了一種只能利用彈簧、槓桿、繩子和踏板等工具的組合才能打開的木製箱子，然後再分別將狗兒、貓咪及老鼠放入箱子中，觀察他們如何在一次次的嘗試、錯誤及失敗後，成功地逃脫。他的主要目標是如何在人工控制的實驗室環境裡，去重現人們所描述的有趣事件。然而，他很快地發現可以利用這個方法來測試動物的學習時間（或稱學

習曲線）。

　　桑戴克的下一個問題是：動物是否只能從試驗與錯誤中學習？或是他們也可以從觀察與模仿中學習？他比較了兩組老鼠的表現，其中一組曾經觀察過其他老鼠的經驗而另外一組則無，結果發現並無差異。因此，桑戴克總結認為，下列兩則關於人類本能觀念的法則可以解釋所有的人類行為：

- **練習法則**：關聯性會隨著使用程度而增加，反之則遞減（動物越常進入籠子中，就越能了解籠子的機關）；
- **效果法則**：受到獎勵的行動更易反覆發生（動物逃出籠子後給予肉丸作為賞賜）。

　　帕夫洛夫和桑戴克的研究均很重要，但他們兩人並非公認的行為學派創始人。一般認為行為學派的創始者是約翰・華森（John B. Watson, 1878-1958）。

行為學派：機械式的人

　　華森在1903年成為芝加哥大學最年輕的博士，他當時年僅25歲，為了賺取學費，他在實驗室照料做為科學實驗用途的老鼠，這些老鼠被用來模擬「真實生活」中的學習活動，例如走出複雜的迷宮。訓練老鼠可能無助於吸引女孩們的注意，但對華森來說，卻為他帶來了十分深刻的幫助，因為這段經驗讓他成為善於利用小動物進行實驗的專家。他的研究方法較前人的更加簡單，但卻得到了不少驚人的成果。在某次實驗中，他在籠子中設立了一條筆直的小通道，並將食物放在通道的一邊，老鼠置於另外一頭，結果老鼠當然很快樂也很輕鬆地走到另一頭去享用食

物，這結果並沒什麼特別。但接著他將通道變短，再進行相同的實驗，同樣的一隻老鼠卻直接撞到了牆面，這結果可就很奇怪了。這個名為克普朗克的實驗（Kerplunk Experiment）並非用來證明老鼠有多笨，而是支持桑戴克的練習法則。

激進行為主義

　　華森的理論比桑戴克更加極端，他甚至不去討論諸如痛苦與喜悅等主題。他的部分主張如下：

- 精神疾病是習慣性扭曲的結果，而這可能是由偶發性的學習（練習法則）所引發的。
- 說話是另一種行為（效果法則）。
- 將人置在其所恐懼的情境中再予以獎勵可以治療恐懼症（如懼高症、怕蜘蛛、怕蛇等）（效果法則）。

　　華森的新學派公開地反對結構主義學派與功能主義學派的學說，它的基本假設是，人類的大多行為是經由學習而來，而我們無法對人類的想法進行可靠的觀察。因此，行為主義學派的實驗方法在於強調人類（或動物）在不同環境下如何有不同的行為，而不去關心人們會表達的感覺（反正動物也不會說話）。行為學派中極端的一支後來發展成激進行為主義，並成為較廣的激進經驗主義（Radical Empiricism）的一支。激進行為主義認為，科學並不須提供解釋，只需要試著去為功能性的關係進行系統化的敘述即可。激進行為主義的虔誠支持者將人類視為只是學習最好的方式來因應刺激的生物機器。

　　可笑的是，正是情感上的牽絆結束了華森的學術生涯──他

有了外遇，因而被迫離開學校。他轉而到華特・湯姆森廣告公司任職，他利用了自己在行為心理學上的專長，證明人類對產品的偏好不是來自於其品質上的差異，而是在其所具有的相關性。華森最後成為華特・湯姆森公司的四位副總裁之一。

行為主義學派在1920年代達到高峰，但在1930年代則開始遭到一些抨擊，因為新的實驗顯示，迷宮實驗中的老鼠其實在頭腦中建立了一個心智地圖，而且老鼠也出現一些情緒上的進化情況。不過即使在今日，行為主義學派仍為心理學界的主要領導學派之一。將行為主義學派重新導入主流的科學家首推伯若斯・史金納（Burrhus Frederic Skinner, 1904-1990），他將行為主義學派一些過於激進的做法予以修正。1938年，史金納出版了號稱20世紀最具影響力之關於動物行為的著作：《個體行為》[17]。他於1904年出生於美國，在此成長並完成所有教育。在二次大戰期間，他從事了訓練鴿子的相關研究，並且發明一種稱為「史金納箱」的裝置，來準確地控制與測量動物的行為。這些研究結果使他認為，學習過程基本上就是一種刺激與獎勵，或稱為強化的過程。不過，史金納也重新進行了華森的理論實驗，結果使他否定了華森與帕夫洛夫所強調的反射與制約之重要性。

行為學派對心理學的貢獻更加具體且客觀，並激發了後續許多相關的實驗，部分實驗在本書稍後會加以介紹。不過，行為主義的論點是單方面的，也較為簡單，因而忽略了一些其他學派所提出的重要議題。其中的一個學派會使許多人自然聯想到心理學：一個病人躺在病床上對著操德國口音的醫生說話，而這個德國醫生可能就是心理分析學派的信徒。

---

17 The Behavior of Organisms.

心理分析學派：研究人們內心的祕密

　　心理分析學派是由西蒙・佛洛伊德（Sigmund Freud, 1856-1939）所創立的。佛洛伊德是一個煙癮很大（1天抽20根雪茄）、愛抽古柯鹼的大鬍子奧地利心理學家。他主要研究的是精神疾病，而其他學派則是研究一般人的典型行為模式。佛洛伊德有一個重要的觀察發現：只要歇斯底里的病人能夠想起他們所遺忘的重要事物，就有可能復原。由此，他發展出心理分析的基本定理，也就是每項行為都受到動態的潛意識所影響。他假設人類的精神就像一座冰山，我們只了解浮在水面上的部分，對於隱藏在水面下的龐大部分就毫無意識（一般的精神過程無法將其喚醒）。這種遺忘記憶的過程常常是為了某種目的，但也是導致許多精神疾病的重要原因。

　　對於受潛意識所引發疾病所苦的人，佛洛伊德提供的建議是：把意識從受壓抑的經驗中喚醒。他想將部分隱藏的意識發掘出來，以使人們了解，並能夠處理它可能帶來的衝突。他利用催眠術來進行探究意識的實驗後，發明了一種「自由聯想」療法，讓病人躺在床上，大聲說出心裡的想法；另一種療法則是夢的解析。

　　佛洛伊德的觀點逐漸發展成為以下列主題為中心的學說：

- 潛意識所扮演的角色。
- 如何透過治療來醫治精神疾病。
- 動機的角色。
- 早期發展在形塑成人心理生活上所扮演的角色。

　　他將人格區分為三種：

- **自我**（ego）。自我指的是「我」、「自己」。當外在環境中有對自我的客觀威脅存在時，我們會產生「客觀性創傷」。
- **本我**（id）。此為人性中最原始的部分，代表生理上的需要與需求（如食物、性、香煙等）。這些需要必須馬上被滿足，有時，本我的要求會威脅到自我，使我們「神經焦慮」。
- **超我**（superego）。這是人格中包含理想、規範與價值的部分。目的在於創造出行為舉止符合周遭社會期待的人。如果超我的需求威脅到了自我，我們會產生「道德焦慮」。

那麼，自我要如何保護自己來抵抗可能的焦慮呢？佛洛伊德提供了下列七種方法：

- **壓抑**（repression）：我們可以強迫將不愉快的記憶、感知或想法變成潛意識。
- **回歸**（regression）：我們可以回溯早期生活的經驗。
- **投射**（projection）：我們可以將個人的過錯或弱點歸因於外部因素。例如，我們可以責怪別人，或是指控他人也有與自己一樣的問題。
- **反向作用**（reaction formation）：我們可以將感覺朝相反的方向改變。例如，由愛轉恨。
- **昇華**（sublimation）：我們可以去做一些社會所接受的事情，以減少我們想去做其他比較不好事情的慾望。
- **合理化**（rationalization）：我們可以為自己的弱點找出一些似是而非的藉口。
- **認同**（identification）：我們可以放棄自己的部分個性，轉而去模仿那些我們認為成功的人士。

佛洛伊德無疑地是偉大的思想家，不過並非完美無缺。他的
觀念後來遭到各界的批評，主要是因為他過度強調性的作用，而
且過度推論。他所創立的學派持續發展，很快地形成為數不少的
分支。

卡爾・榮格

佛洛伊德最著名的學生就是卡爾・榮格（Carl Jung,
1875-1961）。榮格就讀瑞士的巴塞爾大學，學成後在蘇黎世大學
教授精神病學，並獲得優異的評價。但當他在1900年讀到佛洛
伊德所寫的《夢的解析》[18]後，深深受到震撼，進而改變了他
的研究方向。他開始與佛洛伊德通信，儘管他並不完全同意佛洛
伊德的觀點。榮格於1912年出版《潛意識心理學》[19]一書，他
在書中提到，和兒童時期的發展經驗比較起來，渴望對人類的精
神發展可能發揮更大的作用；此外，性的重要性也不是太高。他
還發展出關於人格的新理論，將人們分成下列八類：

	內向者 （寧願在家東想西想 不願與外界接觸）	外向者 （容易接受外在事物）
感官	內向感官	外向感官
思考	內向思考	外向思考
情感	內向情感	外向情感
直覺	內向直覺	外向直覺

---

18 The Interpretation of Dreams.

19 The Psychology of the Unconscious.

美國精神疾病協會之《精神失常的診斷與統計手冊》中的分類	
精神失常的分類	典型的症狀敘述
偏執型人格失常	• 愛猜疑、死板 • 習於過分爭執 • 隨時準備好應付攻擊
精神分裂人格失常	• 無法建立社會關係，而且對其他人沒有興趣 • 對於愛和歸屬感沒有需求
分裂型人格失常	• 孤僻、過於敏感、反常 • 常會表現出奇怪的想法、感覺或言語
戲劇型人格失常	• 病人不成熟 • 情緒不穩定 • 過分博取別人的注意力 • 喜歡自我表演
自戀型人格失常	• 病人過於誇大自己的重要性 • 自信較低，較為脆弱 • 持續尋求認同 • 難以接受別人的想法
反社會型人格失常	• 病人表現十分粗暴，即使侵犯到其他人也不悔恨 • 不過這類型的人通常十分聰明且深具魅力
邊緣型人格失常	• 病人無法自我認同 • 衝動且不穩定 • 常讓人無法預測 • 無法完成認同的形成過程
逃避型人格失常	• 病人所受的社會訓練不夠 • 常感到恐懼，預期會遭到拒絕 • 極度渴望情感 • 感到寂寞
依賴型人格失常	• 病人極度依賴他人 • 獨處時會感到恐慌 • 非常沒有自信 • 將決策權交予他人

美國精神疾病協會之《精神失常的診斷與統計手冊》中的分類（續）	
精神失常的分類	**典型的症狀敘述**
強迫型人格失常	• 病人過度重視規則、秩序與控制 • 嚴厲、完美主義者，且缺乏溫情 • 十分獨斷，因此在專業環境中不具效率 • 常會囤積東西
壓抑型人格失常	• 病人常處於憂傷或空虛的情緒中 • 感到無望、罪惡感及無助 • 對一般活動沒有興趣 • 無法正常睡眠、進食，常想到死亡或自殺 • 焦躁不安，易怒 • 有些人有躁鬱症狀（兩種人格失常的組合）
被動－攻擊型人格失常	• 病人表現出對社會失序與職業表現需求的被動抵制 • 厭惡責任，透過行為而非透過公開表達來表示這種厭惡 • 利用因循拖延、故意沒效率或是健忘來規避責任感 • 很少公開表示敵意或是怒意 • 害怕權威且拒絕他人的建議

　　人格的分類方法自此開始更加進化，最常被使用的參考資料是美國精神疾病協會（American Psychiatric Association）所出版的《精神失常的診斷與統計手冊》[20]（1994）。

　　自佛洛伊德以來，心理分析學派益趨成熟，許多佛洛伊德的觀點已成為當代科學與心理學的慣例。

---

20 Diagnostic and Statistical Manual of Mental Disorders.

格式塔：整體不只是個別的加總

　　想像兩個都具有完美聽覺的人正在傾聽美妙的音樂，一個人對音樂毫無概念，以為聽到的是噪音，另外一個人則感覺聽到十分美的音樂。在此情況下，你要如何描述這兩個人處理輸入訊息的差異性？

　　這就是第五個學派——格式塔（Gestalt）心理學所探討的主題。Gestalt是德文，意思大致是：

　　物體或某具體實體的外觀或形態。

　　格式塔理論起源於1890年代，克斯汀·艾倫弗（Christian von Ehrenfels）發表一篇文章，文中指出到處都有質量的存在，他稱此為格式塔，而這種質量就如同其他的聲音、色彩等感覺一樣。格式塔質（gestalt quality）就是聲音與音樂，或是顏色與藝術間的差異所在。這個特殊的質就和聲調、色彩一樣真實。

　　格式塔學派的主要創始者為三位德國科學家：馬克斯·衛默（Marx Wertheimer, 1880-1943）、沃爾夫岡·柯勒（Wolfgang Kohler, 1887-1967），以及克特·柯夫卡（Kurt Koffka, 1886-1941），其中，衛默是首位清楚提出格式塔學派基本觀點的人。1910年衛默搭火車旅行時激發了他對格式塔學派的觀點。在旅途中，他做了一項實驗，希望人們在實際上沒有任何移動的情況下，以為自己移動。他去買了一台頻閃觀察器並在自己的旅館房間裡先從自己實驗起（後來他也在嚴謹的科學環境下重複此項實驗），結果證明了人類的知覺與真實間存在差異。

　　格式塔學派原先所提出的僅是關於知覺的理論，但其論點很快地擴大發展。格式塔心理學者認為，前人所提出的感知、學習

與注意力這三項觀念並不足以了解我們如何感知周遭環境。這是為什麼呢？因為我們從經驗中向外推論。如果我們看到一幅未完成的畫，我們會試著假設或推想未完成的部分會是什麼樣子，而這並不是一種很有意識的行為。柯夫卡在1922年所發表的《感知：格式塔理論簡介》[21]一文中談到此議題，他不認為這個發現是一種新現象，而是因為心理學研究產生了新的研究觀點：

> 感知、學習與注意力不足以涵括精神現象之豐富性的觀
> 點，並非格式塔學派的發現，因為其他人也有相同的想
> 法，有些人也已抱持著此種想法開始進行研究。不過，
> 他們將原先的傳統觀念予以保留，因此在加入新觀念的
> 同時，並未同時了解新、舊兩者間的關聯性，並對傳統
> 觀念予以修正。

與行為主義學者不同的地方是，格式塔學者認為意識很重要（雖然行為主義學者極不重視意識）。格式塔學者認為人類大腦會「同時、自發且不可避免地」組織我們所感知到的一切。為得到較清楚的圖像，我們會將想像加入實際，並透過此一心智過程達成上述任務。此外，在組織的過程中，我們也會犯下不少錯誤。

柯夫卡及其他幾位德國先驅在許多美國大學授課宣傳格式塔理論，且隨著納粹在1933年佔領德國，格式塔學派的重心也逐漸轉移到美國。克特・陸文（Kurt Lewin, 1890-1947）為格式塔學派拓展出一個新的研究領域，那就是將格式塔理論應用到團體動態（group dynamics）、敏感度訓練及社會行動研究的主題上。

---

21 Perception: An Introduction to Gestalt-theorie.

格式塔理論的主要論點如下：

- 存在整體的實質特質超過組成分子之加總。換言之，整體大於個別之加總。
- 整體的構成分子是彼此相關的，而且是因為其在整體中的角色才具有意義。
- 我們本身會產生「動態組織過程」。此過程會將感覺轉化為最簡單且一般的精神組合，來減少壓力及耗費最少精神能量。
- 我們的感知會與環境彼此交互影響，也就是「接觸外在世界以創造更佳秩序」。

格式塔理論對於了解記憶及解決問題的方式貢獻良多，另外，它對人們在金融市場中的行為研究也有相當貢獻。

人文心理學：自己創造的人生

人文心理學起源於20世紀中期，主要是為了挑戰當時最當紅的行為主義學派及心理分析學派。人文心理學的創始者認為行為主義學派過於機械化，而心理分析又過於依賴生物化約論及決定論。具關鍵性的事件發生於1957及1958年，亞伯拉罕·馬斯洛（Abraham Maslow）及克拉克·穆斯塔卡斯（Clark Moustakas）在底特律舉辦兩場會議，邀請心理學家們來商討成立一個新的學會，以推展新的心理學研究方法。這個新的研究方法是強調自我實現、健康、創造力、內在價值、個體及意義。到了1961年，他們正式成立了美國人文心理學學會（American Association for Humanistic Psychology），同年，該學會亦發行了自己的期刊：

《人文心理學期刊》（*Journal of Humanistic Psychology*）。該學會於1964年首度舉辦國際會議，會議主要討論的議題在於，為什麼當時的兩大主流學派並未將人類視為獨特的個人來研究，也沒有探究到人類生活所面臨的現實問題。馬斯洛和卡爾‧羅杰斯（Carl Rogers）及羅洛‧梅（Rollo May）都參加了這場會議，並成為這個運動的領袖，不過，人們多半視馬斯洛為此學派的創始者。馬斯洛的代表性理論為需求層次理論（Hierarchy of Needs Theory），他於1943年首度於《美國心理評論》（*American Psychology Review*）中提出此項論點，並於1954年進一步出版《動機與人格》[22]一書。其中，需求層級主要是指：

- 基本生存需求到群體接受。
- 情緒需求到智識成長。
- 完全的自我實現與自我生活的和諧。

　　人文學派在後來的幾十年中持續發揮它的影響力，而這個運動的基本假設是：

- 心智極易受到社會及潛意識中的決定性力量所影響。
- 部分決定性力量是負面且消極的。
- 人類具有利用其自由意志來抵抗這些負面力量的潛能，進而能夠發展出個人能力及自尊。
- 學習承擔責任是因應挑戰的關鍵。
- 社會與機構會有意識地建立有制度的、有組織的環境，以幫助人類達到完全的自我實現與自我生活的和諧。

---

22 Motivation and Personality.

人文心理學派的理論有助於對人類行為的普遍了解，我們後來發現，該學派的學說特別適用在解釋工作動機上。如果要為人文心理學派下個標語，那就是「幸福生活是自己創造出來的」。

認知心理學：了解心智運作過程

認知（cognition）這個字是起源於希臘文的gnosco（意為知道）及拉丁文的cgito（意為思考），認知心理學主要是研究我們如何思考並創造知識。心理學家優力克・尼塞（Ulric Neisser）曾對認知心理學下了一個比較廣泛的定義：

> 認知心理學是指有關於感覺資料如何被轉化、簡化、加工、儲存、復原及使用的所有過程。

有關我們如何思考與獲得知識的研究已進展了一段很長的時間，最早開始研究這個領域的學者包括了法蘭西斯・培根爵士（Sir Francis Bacon, 1561-1626）、蓋利雷・伽利略（Galileo Galilei, 1564-1642）、湯馬斯・霍布斯（Thomas Hobbes, 1588-1679）、何內・笛卡爾、約翰・洛克（John Locke, 1632-1704）、大衛・修謨（David Hume, 1711-76）及伊曼紐・康德（Immanuel Kant, 1724-1804）。

現代認知心理學在1955年哈佛認知心理學研究中心成立後開始發展。隔年，麻省理工學院舉辦一場資訊理論的研討會，為此學派發展史上的重要事件。哈佛大學的喬治・米勒（George Miller）發表一篇名為〈神奇數字7再加減2：處理資訊能力的若干限制〉[23]的論文，這篇著名的論文介紹了數個心理實驗的結果，為人類如何處理資訊的方法提供了新的觀點：

我們要知道將資料分類或予以組織成大小組塊的重要性。因為記憶的範圍只包含了大量固定數目的組塊量，我們所能做的就是增加每個組塊所能容納的資訊數量。

因此，米勒認為人類有能力去壓縮資訊，以便能在短時間內處理更多的訊息。他舉了以下這個例子：

剛開始學習無線電報碼的人將每一個「滴」「答」聲分在不同的資料組塊中。很快地他就能夠將這些聲音組合起來成為字母，此時他將這些字母視為組塊。這些字母可以組合成較大組塊的單字，他也開始學習聽到整串句子。我不是說上述每個過程都是分開的，或是說學習曲線上必會顯示出高峰，因為組織能力會以不同的速度達成，而在學習的過程中，它們可能會互相重疊。我只是要指出一個明顯的事實，那就是經由學習，滴答聲可以被組織成不同的形式，隨著這些更大資訊組塊的出現，接線員所能記憶的訊息數量自然也隨著增加。若以我所提出的詞彙來說，就是接線員學著增加每一組塊的容納量。

以傳播理論的術語而言，這個過程稱為編碼（recoding）。每個資料都有一個包含許多組塊的代碼，且各組塊中都容納一些訊息。有很多方法可以來進行編碼的工作，最簡單的方式就是將這些資料集中起來，重新為它命名，然後再記住這個新名字，而非記著原始資料。

---

[23] The Magical Number Seven, Plus or Minus Two: Some Limits on Our Capacity for Processing Information, 1956.

　　這篇文章清楚表達出想要建立全新的心理學研究的想法，但一開始並未獲得太大共鳴。不過在這篇文章發表的幾年後有一個重大突破，就是史金納在1957年所發表的「言語行為」（Verbal Behavior）論文。這篇文章利用鴿子和老鼠的實驗來解釋人們如何學習寫作和說話。史金納是行為學派論者，他認為科學家們主要應探討外界，且能衡量外界給予的刺激及其反應。因此，他認為不需要去研究人們的心智，因為想法與思想都難以衡量。此外，他認為科學應該只去探討可以應用在所有物種及所有行為的一般性原則。

　　這篇論文和其他文章一起帶動了認知心理學，使其成為一門實質科學。不過，一般多認為優力克‧尼塞為此學派的創始者，他在1967年出版了該學派最重要的著作《認知心理學》[24]。認知心理學派的主要研究領域包括：

- **注意力**：什麼因素使人們對某一主題容易或難以產生注意力？注意力可以被分散嗎？不同任務類型的注意力需求是什麼？
- **模式的識別**：模式識別如何運作？我們心中有什麼特別的認知程式，讓我們可以探知到外在資訊並加以分門別類？我們需要什麼樣的資訊好讓感知與認知系統進行模式識別？
- **知識**：我們如何在精神上儲存及分類「陳述性知識」（關於某主體的知識）及「過程性知識」（做某事的能力）？
- **記憶與遺忘**：我們如何記憶？當我們好像忘記時，記憶發生了什麼事？不同的記憶會怎麼樣、在何時和經過多久被忘

---

24 Cognitive Psychology.

記？

- **語言**：我們如何學習語言？如何學到語言的法則？
- **推理及解決問題**：人們是天生就沒有邏輯性嗎？我們什麼時候會用非邏輯的系統來推論？

認知心理學派很快地發展出下列幾個重要的論點：

- 我們的感官（眼睛、耳朵、鼻子及皮膚）接收刺激
- 神經碼（neural code）會對接收到的刺激編碼
- 認知碼（cognitive code）會將接收到的刺激轉化成能夠感受的能量
- 記憶是包括儲存、復原及重建認知碼的過程

神經碼和認知碼並不可以互相替代，它們是觀察同一過程的不同方法；認知碼就像是電腦中的軟體，而神經碼就比較像硬體。有些認知碼會進入感受狀態，另一些則不會（這是結構主義學派內省法的根本問題）。

枝繁葉茂

心理學是一門包羅廣泛的學科，與我們的日常生活密不可分。因此，心理學的分枝越來越多，研究主題也不限於個人的思想、行為、感知及感覺等主題，還擴展到了團體行為。接下來將探討團體行為如何與金融市場的動態交互作用。

重要心理學派論點概要			
學派	起源	領域	基本觀念
結構主義學派	翁特於1880年代創立。	研究意識經驗。	• 專注在聽覺和視覺等精神過程 • 使用「內省法」（詢問受訪者的想法與感覺） • 試圖從隔離研究中區分出精神的個別元素
功能主義學派	主要是由詹姆士於1890年時所創立，但第一位正式論述者為1898年的柴欽納。	研究精神如何在個體適應社會的過程中發揮功能。	• 要了解一棟房子不能只靠研究它的磚塊——我們必須要了解它的目的
行為主義學派	華森於1913年創立。	探討環境條件對個體行為的影響。	• 忽視精神過程，因為這個層面的研究並不可信 • 可以用研究動物的方法來研究人類
心理分析學派	佛洛伊德於1900年創立。	主要研究精神疾病與潛意識。	• 心靈大部分是潛意識 • 精神失常的患者通常是受到潛意識記憶的干擾 • 人格可以分為三種獨立但互相影響的特性：本我、自我及超我 • 談話治療可以治療心理問題
格式塔學派	主要是由衛默於1912年創立。	研究我們如何由所接受到的資料中進行推論，以建立完整的精神形象。	• 著重記憶與解決問題的過程 • 「整體」的實質特質超過了組成個體的加總

重要心理學派論點概要（續）			
學派	起源	領域	基本觀念
格式塔學派			• 我們本身會產生動態組織過程。此過程會將感覺轉化為最簡單且一般的精神組合，來減少壓力及耗費最少精神能量。
人文心理學派	馬斯洛於1943年創立。	研究人們如何滿足其情感需求與達成自我實現。	• 假設精神受到社會與潛意識的決定性力量所影響。 • 相信人們能夠透過自由意志來抵抗負面力量，進而發展出個人自尊與能力。 • 相信承擔責任是克服挑戰的關鍵因素。 • 強調社會與機構可以有意識的創造出有制度及組織性的環境，有助於人們滿足情感需求，進而達到自我實現。
認知心理學派	尼塞於1967年創立。	探討人類思想如何控制行為。	• 著重了解資訊處理、記憶、認知、注意力、模式辨識、知識、推理與解決問題。

第四篇
群體行為

個人通常是明智而理性的，但當他成為群體的一員時，馬上變成一個笨蛋。

——席勒（Friedrich Schiller）

錬金術士

凡事力求簡潔，而非簡化。

——愛因斯坦（Albert Einstein）

長久以來，市場投資人已充分了解到金融市場是群體行為的有趣範例。顯而易見的是，因為投資人親身感受到恐懼、猜疑、貪婪和不時的悔恨，所以他們試圖找出一個系統，來預測上述這些情緒對市場的影響。關於此，他們做了些什麼呢？

他們發明了奇怪的圖形（走勢圖）來顯示市場價格的變化，再從這些價格波動或是市場統計資料（技術分析）中衍生出不同的直線、曲線分析。他們稱此為鍊金術，認為鍊金術可以幫助我們了解市場的力量與脆弱之處，因而做出更好的交易策略。

查爾斯・道

前面曾經提到，線形分析最早出現在日本稻米交易市場，但西方人在1880年代重新發現了線形分析的價值，並稱其為「簿記法」（book method）。不過，只有少數的人會使用線形分析，

圖9.1　查爾斯・道（1850~1902）

對於了解股價波動貢獻卓越。他的主要興趣是利用股價變化預測經濟表現，不過到頭來，反倒是股票投資人比經濟學家還關心他所提出的理論。他的模型可以清楚地預示出1929年及1987年的股市崩盤。

而且對於線形趨勢的解讀也並不一致。

在1900至1902年間，《華爾街日報》刊登了一系列關於股票價格波動機制的文章，但未獲得太多注意。這些文章的作者就是《華爾街日報》的創辦人兼主編——查爾斯・道，他還創立了道瓊社金融資訊公司。

道氏之後，接下《華爾街日報》主編位置的是漢彌爾敦，他認為道氏是極端保守、冷靜、有能力且聰明的人，並且充分掌握自己的事業，不會受任何其他事情影響。道氏有段時間曾在紐約證交所任職，因此對於股票交易也相當有務實的見解。可惜的是，道氏在1902年去世，時年52歲，因此，除了前面提及的那些文章之外，他的觀點及想法並沒有及時發表。不過，後人歸納了他的若干觀點，成為我們今天所知道的道氏理論。

道氏觀點

道氏的發明之一，就是他從1884年開始，利用一組股票來描繪價格指數的變化趨勢，到了1896年，他將一群工業股的股

價合併起來，計算出工業平均指數，而鐵路股則合併形成鐵路平均指數（稍後更名為運輸指數）。這成了他分析市場趨勢，歸結市場法則的最佳工具。道氏理論主要包括下列6點：

1. **股價指數提前反應**。總結而言，市場參與者擁有可解釋股價變化的重要訊息，而這些訊息都已經反應在市場價格的波動中。

2. **市場有三種運動型態**。也就是「主要」、「次要」及「更次要」三種。價格波動一定是上述三種運動的綜合結果，而這三種運動雖然同時產生作用，卻不一定會朝向同一方向。

　　最大的價格波動就是主要波動，而這種波動可能會持續好幾年。當所有的壞消息都已經反應在價格上，關於未來表現的第一絲希望開始萌芽時，主要的牛市走勢就開始發展，這是牛市的第一階段。接著在第二階段的過程中，這些希望獲得確認，經濟情況也開始顯現出轉好的跡象。主要運動的第三階段則會反映出沒有任何實質表現支持的過度樂觀跡象。熊市的主要運動也會有同樣的三個階段，只是方向相反。

　　次要運動持續期間從三個禮拜到數月之久，通常包括了對之前主要運動三分之一或三分之二的修正。

　　更次要運動則不會持續超過三個禮拜。相對而言，更次要運動對於來自於外在的隨機干擾較為敏感，而且也不具預測其他形態運動的能力。在後面的幾章中我們會介紹這三種運動的應用。

3. **支撐和壓力區的價格訊號**。當價格連續二至三週在狹小的區間內波動時，可能表示市場主力在價格上漲之前進貨，或是

在價格下跌前向一般投資大眾出貨。

4. **有量才有價**。如果成交量很大，就代表價格波動的訊號比較強。成交量會隨著走勢方向而變化，如果價漲量增，或是價跌量縮，就表示市場將會上漲。

5. **要由波峰與谷底來確認趨勢的存在**。只要不斷的出現更高的波峰與谷底，上漲走勢就會持續下去。同樣的，若是新的波峰與谷底持續走低，下跌趨勢就不會改變。

6. **股市趨勢須由兩種指數的走勢來加以確認**。股市一開始時的變動方向並不可信，除非工業指數與運輸指數呈現出相同的方向走勢。

道氏理論為人所熟知的另一項原因在於，尼爾森（S.A. Nelson）在1903年出版一本名為《股票投機基本入門》[25]的書，書中歸納了許多道氏規則，首次有系統地介紹道氏理論的基本概念。

漢彌爾敦在1922年的《股票市場晴雨計》一書中，進一步闡釋道氏理論，當然，這本書也受到貝伯森圖表的影響。漢彌爾敦在《華爾街日報》與《巴隆》雜誌上的許多文章越來越受到大家的注意。他利用道氏的理論預測市場趨勢，準確率出奇的高。在這些文章中，最有名的就是關於美國鋼鐵股投機大戶基恩（Keens）操作手法的分析，因為漢彌爾敦的分析太正確了，以致於基恩以為漢彌爾敦在自己的公司裡安插了間諜。但是，漢彌爾敦在《股票市場晴雨計》一書中向十分訝異的讀者解釋，他所用的分析工具不過就是技術圖形與道氏的六點理論罷了。

---

25 The ABC of Stock Market Speculation.

漢彌爾敦的最後一篇文章是關於受創的市場。在1929年10月21日，也就是股票大崩盤的前一天，他在《巴隆》雜誌上發表一篇文章，警告投資人可能面臨的心理面狀況。隨後幾天，股價果然來到他所說的潛在心理轉折點。四天之後，他在《華爾街日報》上發表了名為〈潮流變了〉的文章（還是利用道氏理論），他指出牛市已確定結束，而股市趨勢的反轉表示經濟情勢將逐漸衰退。他的這個想法在當時並未獲得認同，但歷史告訴我們他的看法正確。漢彌爾敦在同年12月3日發表了最後一篇文章，名為〈休息去吧〉，這個篇名其實也隱喻了另一件事：他在六天後去世。

1932年，也就是道氏去世後的30年，羅伯・雷亞（Robert Rhea）出版一本名為《道氏理論》[26]的書，書中詳細的探討介紹道氏與漢彌爾敦的理論與其應用。雷亞在1934年出版另一本書，名為《股價指數的故事》[27]。

進一步的闡釋

這個市場首度出現的著名交易原則受到不少人的肯定，此後，有關資本市場分析的各式書籍和文章越來越多。部分作者發展出具邏輯性的假設，再接著說明這些假設能否得到實證的支持。也有人試圖針對事實情況進行合理性的分析，當然，其中亦包含了不同程度的猜想與迷信。

有人發明了所謂的「裙長指標」（hemline indicator），將股市

---

[26] Dow Theory.

[27] The Story of the Averages.

交易與女性裙子的長度扯上關係（當裙子長時就買進，裙子短時則賣出）。此外，自動交易系統也開始被大量利用，雖然有許多科學研究指出此類系統具有不少的缺陷。

在1948年，美國出版了一本名為《股票趨勢技術分析》[28]的書，作者為艾德華（R. D. Edwards）及瑪吉（J. Magee）。這兩個人長期研究許多個股的長期走勢，發現了一些特定形態會反覆出現，因此，相當具有預測的價值。他們仔細描述這些趨勢並加以分類，直至今日，本書中的方法仍普遍為技術分析人士所倚重。

隨著個人電腦於1970年代問世，有關個股價格變動的研究不斷向前躍進，在這段期間，英國金融顧問布朗‧馬柏（Brian Marber）提出了「黃金交叉」與「死亡交叉」的概念，以應用在股價移動平均線的電腦化分析上。

談到電腦繪圖，就不能不提到韋德（J. W. Wilder）。在他的《技術交易系統新觀念》[29]一書中，韋德提出「相對強弱指標」（Relative Strength Index, RSI）的公式，這個公式有效地反映出市場在過度樂觀與過度悲觀之間的擺動。韋德公式中最有趣的是，雖然這個觀念很新，而且主要適用於電腦分析，但若利用它來分析20世紀初或更早期的資料，也是成效卓越。

並非真正的理論

第一代圖形論者描述了他們所觀察到的市場，並且描述有助

---

[28] Technical Analysis of Stock Trends.

[29] New Concepts in Technical Trading Systems.

於預測市場行為的工具，不過，他們並未提出具體的理論。

科學並非可以靠某個人的聲稱而成立的；它必須符合若干基本原則，這些原則大致如下：

- 如果可能的話，科學應奠基於系統性的觀察與測量真實事件。
- 應有清楚的定義方式，使其他人得以進行相同的試驗。
- 如果能夠解釋所觀察到的現象，就產生了一個假說。
- 假說必須經過檢證，目的在證明這個假說並非為真，而這個假說檢驗的結果必須失敗。
- 數個假說綜合起來為一項理論的基礎。
- 繼續激發新的假說。
- 理論同時也是建立操作性模型的基礎。
- 如果假說或理論在該學科領域中的所有情況下都得以成立，即可成為定律。

愛因斯坦曾說過，凡事力求簡潔，而非簡化。坦白說，第一代圖形論者就有一些這樣子的問題，他們並沒有試著解釋為何他們的理論、定律能夠有效。從專業心理學家的眼中觀之，他們的做法不是神奇思考，就是激進社會行為主義論者。不過，雖然他們的論點缺乏具體的假說，但交易者基本上仍可以同意，圖形趨勢與市場動能其實和心理層面因素有關。傑洛·樂伯曾表示：

影響證券市場的最重要因素就是人的心理。

所以，讓我們試著從心理因素的觀點，來了解證券市場。

當心理學遇見金融市場

經濟學的基本假設是人們根據理性行動。較諸於經濟學，群體心理學對金融市場行為有更多的了解。

——葛登·佩柏（Goldon Pepper）

我們已經知道金融市場是典型的群體行為。有關人們群體行為的科學研究則稱為「社會心理學」。社會心理學有一個典型的實驗：將一群人關在一個房間中，要求他們共同來解決一個問題，以藉此觀察人們如何互動，特別是他人的存在如何影響個人的行為。這門科學可以定義如下：

社會心理學研究個人思想、感覺與行為如何受到實際的、想像中的他人存在的影響。

社會心理學鮮少被視為心理學派的一支，它多半被視為利用許多學派的學說，來檢驗我們如何在他人的影響下進行／集體與個別的行動。社會心理學的名稱出現於1908年，威廉·麥杜格（William McDougall）所寫的《社會心理學概論》[30]及愛德華·羅斯（Edward A. Ross）的《社會心理學》[31]均以此命名。12年

後的1920年，一群心理學家們在日內瓦集會，並創立了國際應用心理學協會（The International Association of Applied Psychology），成為今日研究社會心理學領域的主要論壇。

社會心理學有一個很重要的觀念就是「群體思考」。在此領域的主要領導者是艾文·詹尼斯（Irving Janis）。他於1972年出版一本名為《群體思考的受害者：外交政策決策失敗的心理學研究》[32]。他所提出的理論是：具有高凝聚力的團體很容易做出錯誤的集體決策，而這可歸諸於許多原因，包括了人們傾向於發展出與周遭人物相同的態度（也就是所謂的適應性態度），以及人們容易利用他人的行為，作為難以了解事物的資訊來源（即社會比較）。

經濟心理學

國際應用心理學協會現在分為十四個次學門，各自研究不同的領域，例如，組織心理學、運動心理學、政治心理學等。這些小組的成員可以告訴我們，人們在組織中如何在一起工作，如何贏得運動比賽，以及如何獲取選票等。在這十四個小組中，有一組研究的主題為經濟心理學，此領域又可再細分為好幾個次領域（例如銷售心理學），但其中有三個次領域與金融市場交易者息息相關（見圖10.1），那就是：

---

[30] An Introduction to Social Psychology.

[31] Social Psychology.

[32] Victims of Groupthink: A Psychological Study of Foreign Policy Decisions and Fiascoes.

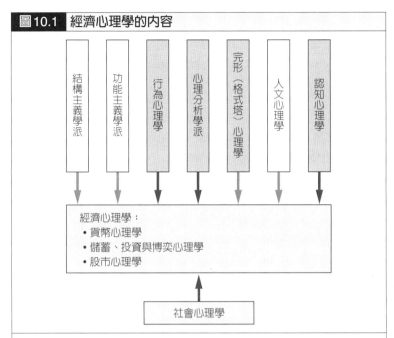

圖 10.1　經濟心理學的內容

結構主義學派　功能主義學派　行為心理學　心理分析學派　完形（格式塔）心理學　人文心理學　認知心理學

經濟心理學：
• 貨幣心理學
• 儲蓄、投資與博奕心理學
• 股市心理學

社會心理學

經濟心理學是社會心理學的14支次學門之一，主要理論根源於一般社會心理學，特別是心理學7個學派其中的4個。這4個學派（以灰底表示）分別是行為心理學、心理分析學派、完形（格式塔）心理學及認知心理學。

● 貨幣心理學

● 儲蓄、投資與博奕心理學

● 股市心理學

　　這三個經濟心理學的分支不僅有助於我們了解金融市場中的情緒與行為，更重要的，它們亦可讓我們更了解市場本身。金融市場是由數百萬會彼此相互影響的人的決策力量所共同驅動的，因此，有時候我們亦稱其為「大眾心理學」或「群眾心理學」。群眾心理學當然不是把研究個人的心理學加總就可以了，因為這

些個人之間會產生互動，彼此產生作用。所以要了解金融市場中的群眾心理學，我們必須要解釋人們與市場間的相互影響關係；也就是去了解價格、交易量與媒體報導、市場參與者間的回饋循環與社會過程。

經濟心理學的歷史

第一個將心理學應用在經濟學上的人，應該是法國心理學家蓋布利兒・塔德（Gabriel Tarde），1881年涉足此一領域，並於1902年撰寫《經濟心理學》[33]。之後，墨利斯・克拉克（Maurice Clark）也在1918年於《政治經濟學期刊》中發表一篇名為〈經濟學與現代心理學〉的論文，他寫道：

> 經濟學者或許想忽視心理學的影響，但事實上，他們實在很難無視於人類本性的存在。

經濟心理學隨後成為奧地利學派的基本論述之一，到了1960年代，其觀點已遍及全歐洲，數所歐洲大學亦正式開設了此門課程。

經濟心理學在美國的發展

喬治・卡透納（George Katona）是公認的美國經濟心理學始祖。在1930、40年代，他任教於密西根大學，並且是首批研究心理學問題對總體經濟所造成的影響的心理學家之一。他將態

---

[33] La Psychologie Economique.

度、情緒、預期等觀念引進經濟學辭彙中。許多人承繼他的研究方向，不過在本書中會特別常提到的是阿默思・特沃斯基（Amos Tversky）、丹尼・卡尼曼（Daniel Kahneman）、羅伯特・席勒、理察・泰勒（Richard H. Thaler）以及米爾・史塔曼（Mier Statman）。

特沃斯基與卡尼曼共事多年，出版了許多關於判斷與決策心理學的文章。他們的許多實驗顯示，當人們進行有關經濟的判斷時，某些特定的錯誤會一再發生。他們在1979年發表了《展望理論》（*Prospect Theory*），認為人們會非理性地寧願去承擔比實現獲利還高的風險以避免損失。我們可以用他們的這項研究結果來解釋金融市場中部分難以理解的現象。

席勒則是以其對現實世界，特別是金融市場的心理學現象研究而聞名。他曾經在市場經歷大幅波動後對投資人寄發問卷，以了解投資人當時的想法與行為。席勒也寫了好幾本書，包括了有名的《非理性繁榮》（*Irrational Exuberance*，時報出版中譯本），這本書在2000年全球股市大多頭時出版，正確預言了全球股市隨後發生的大崩盤。

如同特沃斯基與卡尼曼，泰勒也研究判斷與決策行為，不過他偏重於股市與其他市場的不正常現象。他也出版了兩本相關書籍：《行為金融學的進展》[34]以及《贏家的詛咒》[35]。

史塔曼則是以其對「悔恨的恐懼」（fear of regret）的研究而聞名。他發現投資人拒絕認賠賣出股票，是為了逃避虧損實現後的痛苦與後悔。人們在判斷錯誤後多半會感到傷心痛苦。

---

34 Advances in Behavioral Finance.
35 The Winner's Curse.

最相關的現象

　　這些學者的研究結果到底告訴了我們些什麼呢？本章最後的表10.1總結了不同學派的概述及它們彼此間的關係。本表說明了七大心理學派中四個對金融心理學有特別貢獻者，它們是行為心理學、心理分析學派、格式塔心理學及認知心理學。我們也可以看到社會心理學的許多實驗與觀察和金融市場密切相關。表中列出的若干現象十分相似，但卻分別列在不同欄位中，這是因為不同學派給它的名稱不同，解釋也不相同。我們先不論這些小差異，繼續往前看吧。

回到現實世界

　　我們已經討論了在預測金融商品價格變化時所會面臨的挑戰，以及圖形論者如何試著予以因應。現在我們已經具備了一些心理學家的知識能力，並列出了32種可能有助於我們了解金融市場變化的不同現象。因此，現在面臨的更困難任務就是，要更深入地去研究市場，並要能夠指出哪些現象確實存在與其可能的影響。我們先研究資訊如何在市場中流動以及如何被市場解讀，接著探討市場在形成趨勢、盤整、反轉或恐慌的特別演進模式。

表10.1	金融市場裡個人與集體錯誤的心理學現象	
主要學派	相關現象	簡要敘述
行為主義	• 奇幻思考	認為某些行為會導致預期的效果，雖然我們不知道如何解釋，或是根本就沒有理由。
	• 確定效應	對較小的確定收益的偏好多過於很可能得到的較大收益，即使後者的統計可能性較高。
	• 預期理論	寧願規避損失而不願繼續押注獲利的非理性傾向。
格式塔理論	• 說服效應	可信的資訊來源較可信的論點更能說服我們。
	• 自我說服	當事實與我們的態度相衝突時，我們寧願去改變態度而不是接受事實。
	• 代表性效應	傾向認為所觀察到的趨勢會持續下去。
	• 自我實現態度	做某些事的原因是因為能讓自己覺得自己是個人物。
	• 知識態度	將資料分類成可管性群組，但每一類均以簡單的態度來處理。
	• 錯誤共識效應	通常會高估和我們持相同態度者的人數。
	• 自我防衛態度	調整自己的態度以和所做的決策相符合。
	• 身體標識理論	強大的威脅激發身體的反應，進而增長了焦慮與恐慌的持續性。
認知心理學	• 過度情緒化症狀	過分重視個人的選擇。
	• 後悔理論	試圖避免會承認錯誤的行為。
	• 認知失調	當證據顯示我們的假設錯誤時，就會發生認知失調的情況。我們試著逃避、扭曲此種訊息，也會迴避讓失調更形明顯的行動。
	• 定位／框架效應	我們的決策受到看起來像是正確的資訊來源所影響。
	• 精神區隔	我們將不同的現象加以分類，試著讓個別分類最佳化，而非讓整體達最佳狀態。

表10.1	金融市場裡個人與集體錯誤的心理學現象（續）	
主要學派	**相關現象**	**簡要敘述**
認知心理學	• 沉入成本謬誤	試圖藉由在已經虧損的項目上花更多錢來挽回損失，因此我們的決策行為係根據過去的表現，而非對前景的預期。
	• 分離	除非得到新的資訊，否則儘量避免作決策，即使新資訊與我們要作的決策沒有關聯。
	• 同化錯誤	錯誤解讀所接受到的資訊，使其看起來支持我們的行為。
	• 選擇性接觸	只試著接收支持我們行為與態度的資訊。
	• 選擇性認知	錯誤解讀資訊，使其看起來能支持我們的行為和態度。
	• 過分自信行為	高估了我們能做出正確決策的能力。
	• 後見之明偏誤	高估了我們能夠預測過去事件結果的可能性。
	• 確認偏誤	結論受到我們願意相信的事件之過度影響。
心理分析學派	• 妄想型人格失常	過分關心是否受騙或是犯錯。
	• 戲劇型人格失常	持續思量自己的決策，無法放鬆。
	• 自戀型人格失常	過分重視自己是否在每件事情上看起來都很成功。
	• 逃避型人格失常	對自己作過的錯事無法忘懷，不斷試著去報復或予以修正。
	• 強迫型／衝動型人格失常	過分重視枝微末節。
	• 憂鬱型人格失常	不論我們做的結果好或不好，總是感到失望或擔心。
社會心理學	• 適應性態度	我們會發展出與周遭人士相同的態度。
	• 社會比較	對於我們難以理解的事情，我們傾向以他人的行為來作為訊息來源。

第五篇
市場資訊心理學

腦袋空空並不表示頭腦裡真的沒有東西，而是塞滿了垃圾，
因此，要讓這種腦袋接受任何新的東西都很困難。

——艾瑞克‧霍佛（Eric Hoffer）

城市裡最快的遊戲

知識……！金錢……！……權力！民主建於此循環上！

——美國作家田納西‧威廉斯（Tennessee Williams）

1815年6月21日，星期三的晚上11點，倫敦戰爭指揮中心的巴勒斯特爵士（Lord Bathurst）接待了看起來十分疲憊的訪客，這位訪客是亨利‧佩西（Henry Percy）少校，他從比利時出發，花了2天又18小時的時間才抵達倫敦。佩西少校這麼匆忙是要為倫敦政府帶來大好消息：拿破崙在滑鐵盧戰役中被擊敗。

巴勒斯特爵士和佩西少校一起去向急著等待消息的財務大臣稟報。佩西少校還沒來得及回答一長串的問題，就因為過於疲累在椅子上睡著了。這不重要，佩西少校已經傳達了這個訊息，隔天早上，佩西少校晉升中校。

大量買進

不過，在內閣閣員獲知此消息的前一日，有個人就已經知道了這個訊息，這位有著藍眼睛、紅頭髮，並操著德國口音的微胖男子名叫納珊‧梅爾‧羅斯查德（Nathan Mayer Rothschild）。

　　羅斯查德在21歲時移民到英國，他在短時間內就成為倫敦有名的金融家。而且他除了是極富才華的交易商與戰略家外，更以消息靈通聞名遐邇。在6月20日星期二，也就是佩西少校抵達倫敦的前一天，他就已經在股市大量買進，狠狠地大賺一筆。可是，他是如何能夠比自己國家的戰爭指揮中心還更早知道這項大勝利的消息呢？

特殊郵件

　　我們其實並不知道為什麼如此，但有以下兩種可能假設。

　　首先，他自己擁有一套運作多年的專用郵件快遞服務，而且其速度十分迅速。資料來源告訴我們，他聘請約翰‧沃華滋（John Roworth）在戰爭開始的前一晚上就整夜待在滑鐵盧。6月18日晚上7點，拿破崙確定落敗，沃華滋快馬加鞭趕往加萊（Calais），在暴風雨中乘船越過多佛海峽。這個運作迅速的快遞系統，或可解釋沃華滋的飛快速度。根據沃華滋本人的說法，以及一封由沃華滋寫給羅斯查德的信件檔案，可以支持前述假設。這封信是寫於1815年7月27日，信中內容包括：「懷特長官告訴我，你將滑鐵盧勝利的消息提早送到，這件事做得很好」。

　　第二個可能假設就是羅斯查德藉由信鴿得到滑鐵盧勝利的消息。大家都知道他常利用信鴿來快速取得來自歐洲大陸的消息。我們並不確定這些信鴿的基地在哪裡，不過，因為羅斯查德曾花了8,750英鎊在肯特買下一座農莊，因此，那裡很可能就是這些信鴿的飼養所在。靠著這些信鴿，羅斯查德不難在週二早上就得知滑鐵盧戰役的消息，且速度遠快過英國戰爭指揮中心。

　　羅斯查德的股市同僚認為他的主要傳信者就是信鴿，而他們

對這種做法感到十分不滿。根據1836年的報紙報導[36]，這些同事在肯特釋放了許多老鷹去吃掉羅斯查德從歐陸飛回來的信鴿。不過，這個訊息傳遞管道並未因而停止，當羅斯查德在同年7月28日於法蘭克福去世時，消息也是透過他的信鴿首先傳遞出來；有一位獵人在肯特射殺了一隻疲累的信鴿，發現這隻可憐的鴿子腳上綁著一張小紙條，上面寫著：他死了。

羅斯查德的系統告訴我們資訊的極度重要性，他的系統傳遞網路也是促使他能如此成功的重要因素之一，因為，最重要的變數就在於取得資訊的能力。在羅斯查德的時代，有關於基本面的知識畢竟仍十分貧乏。

新的情勢

即使在今天，資訊仍然十分重要，不過大環境已經明顯改變。現代交易者都擁有即時的網路資訊系統，每天發送出數以萬計的即時訊息。透過電子系統，全世界的決策者都擁有同樣的人工頭腦，經由遍及全球的綿密網路，每個人都在同一時間獲得最重要的資訊。除此之外，橫跨國界與組織界限的人們還可以利用電話來交換謠言或是預感。在這種情況下，問題並不在於我們能夠以多快的速度取得資訊，而是如何解讀它。如同德國軍事理論家卡爾・克勞塞維茲（Carl von Clausewitz）在《戰爭論》[37]中所言：

---

36 The Times, 1836年8月3日。

37 Vom Kriege.

要在實際交戰區域外進行第一次偵察十分困難，不過，由於戰場上的騷動及新資訊持續不斷的流入，這項難度只會繼續升高。機會就存在於彼此矛盾的訊息之間，我們必須謹慎評估以做出決定。可是更糟糕的情況是，當訊息彼此支持、確認並強化的同時，也會使問題更加複雜，這種情況會延續到我們最後做出一個新的決定為止。而我們很快就會發現這個決定的愚蠢性，所有訊息都引起錯覺。大多數的資訊都是錯誤的，人們的恐懼成了謊言與欺騙的最佳溫床。

克勞塞維茲要說的是，許多未經消化的訊息其實都是錯的。但他更關切的是，我們很難堅持自己原來的決策，或是說，當新消息不斷湧入，使得我們的神經因此不確定性而被破壞時，我們應如何調整因應：

一般人很容易受到影響，在需要採取行動時缺乏做決定的能力。他們發現事情和原先所預期的不同，尤其是當他們受到別人影響時。就算他已經擬定好了計畫，一旦新的情況產生，也會使他們對原先的判斷產生懷疑。他必須要有堅定的自信心，才能抵抗壓力。

金融市場中的實際情況讓人想到一個古老故事，在那故事中，有一個人準備要與另一個人對決，在決鬥開始之前，他的助手很擔心地問他：

你是個好射手嗎？

他回答道：

當然！我可以射中20步之外高腳杯的杯腳。

他的助手馬上問道：

那很好。可是如果這個酒杯拿著一把上膛的槍，瞄準你的心臟，你還能射中這個酒杯的腳嗎？

處理現實生活中的問題對我們形成很大壓力，使我們很容易犯下克勞塞維茲所說的錯誤：曝露在過多的前線資訊中，我們會突然認為情況與原先的預測不同。如果我們不習慣去處理資訊，區分其重要性，那麼，那些大量無關緊要的訊息或謠言，就會摧毀我們對事情的觀點。

叢林中的馬文

雖然大量的訊息對克勞塞維茲而言是個問題，但他還是十分強調間諜的重要性。儘管我們手上擁有數以萬計的訊息，但可能就獨缺了最重要的那一項，因此，為了得到這一個關鍵消息，我們必須派出間諜。在金融市場中也有相同的問題。在亞當·史密斯於1967年所寫的《金錢遊戲》[38]中，有一個關於此主題的精彩故事，其主要人物如下：

1. 亞當·史密斯，投機客、本書作者
2. 溫菲德，作者友人，股票市場中的短線操作者
3. 馬文，破產的可可投機客

---

38 The Money Game.

4. 賀喜公司的匿名可可交易員
5. 一種可能（或不可能）讓迦納可可樹染病的虱子
6. 非洲原住民部落

　　故事如下：溫菲德某日想到很好的主意，因為他的一位好朋友告訴他，迦納政府「修正」了可可的統計數據。根據統計數據可可將會大豐收，但事實並非如此，而是會嚴重欠收。所以，溫菲德的計畫很明顯：當人們發現收成情況不好，可可價格自然會上漲。因此，史密斯和溫菲德各自以3%的保證金投資了5,000及20萬美元的可可（如果可可價格上漲幅度達9%，他們的投資就會變成3倍；如果價格下跌3%，他們的本金就賠光了）。接著，他們開始等待可可價格的上漲。

　　頭兩週並沒什麼特別事件，但後來卻突然發生了一件大事：迦納發生革命。史密斯對此事件感到不知所措，但打了幾通電話試圖了解情況，他找到了CBS的記者，問他「那些上台的人，是否支持可可？」沒有人知道這個問題的答案。不過，可可價格已經從23美分上漲到25美分，因此史密斯買進更多的可可期貨，事情發展至此十分順利。

　　一段時間後，有一場關於可可市場的主題演講，史密斯當然也參加了。主講人是賀喜公司的可可專家，他表示市場上的可可供應十分充裕。隔天，可可價格就跌到22美分，而這位專家也開始買進。史密斯對此覺得很奇怪，如果市場上的可可供給真的那麼多，他為什麼要買進呢？或許這是因為市場上其實並沒有那麼多的可可，因為可可價格又開始上漲，而且，某天又傳來了奈及利亞發生暴動的消息，而奈及利亞也是可可的主要產國之一。「內戰！」當溫菲德聽到此消息時十分興奮：「豪薩族人在屠殺

伊布族人，真是可憐啊！我不知道他們如何才能把可可運出來，你覺得呢？」史密斯也同意他的觀點，可可期貨價格持續上漲到27美分。

可是，除了錯誤的生產統計數據、革命和內戰之外，可可期貨合約價格不久後開始下跌，隨著時間過去，史密斯也漸漸失去了信心。但溫菲德卻沒有放棄，他說：「我們現在需要的是暴雨，而收成會被虱子所啃蝕掉。」因此，收穫時節的害蟲成了他們的最後希望。他們聯絡馬文，馬文是一位破產的可可投機客，他將會替史密斯和溫菲德扮演間諜的角色，協助他們調查那些害蟲何時會開始大舉肆虐。他們提供馬文一件叢林穿的外套、野外醫療用品、指南針和雞尾酒冷藏設備，但卻拒絕了馬文所提出的：一枝獵象用槍的要求。

馬文的第一封電報表示雨量適中，旅館中的人們認為今年的可可收成應該一如以往。此時，可可價格跌到24.5美分。史密斯和溫菲德不同意「旅館中人」的看法，他們認為馬文應該租一輛車，親自到叢林裡去看看。馬文照辦。

後來，他們再也沒有聽到馬文的消息。他的車子卡在泥沼裡，無望地在叢林中等待救援，最後為水蛭吞噬。直到一群人發現他，褪去他的衣物，將他放在一鍋熱油中。在此同時，美國的可可價格跌到20美分，史密斯和溫菲德損失慘重（馬文則活了下來，那些熱油可以醫治他的傷口）。史密斯因為賠了一大筆錢，決定不再投資那些無法得到訊息的市場。

這個可可價格的故事，就是一則關於資訊價值的故事。公開資訊或許有值得闡釋的價值，卻沒有任何新聞價值。你不可能靠著營業員擁有的財經新聞就賺到錢，更不用說看電視了。市場會及時反應所有資訊，你不大可能有機會超前。只有在消息是獨

家、並僅為極少數人所得知時,這條資訊才會有交易價值(假若馬文是唯一知道可可樹是有害蟲的人)。公開發行公司的內線交易並不合法,但仍有一些人遊走在公開資訊與內幕消息之間。這些人是金融機構所僱用的投資分析師,他們擁有接近公開發行公司管理階層的管道,擁有充分的時間去了解許多事情,就像親自到叢林中去搜集資訊的馬文。那麼,他們能否提供一些具價值的資訊呢?

要得到上述問題的答案,我們可以看一下查克(Zack)資料庫的數據,查克資料庫是可以查詢投資分析師建議標的清單的系統。四位經濟學家——布瑞得・巴伯(Brad Barber)、魯汶・李哈維(Reuven Lehavy)、墨林・邁尼可斯(Maureen McNichols)及布瑞特・楚曼(Brett Trueman)——在1998年發表一份名為〈投資人能否由預測中獲利〉的研究報告,該報告係利用查克資料庫中的資料來進行分析,結果發現:

- 總共有超過36萬筆的建議標的
- 來自於269家證券公司
- 由4,340位投資分析師所提出
- 時間為1985年至1996年

所以,這個研究所涵蓋的範圍可謂十分詳盡,結果也顯示投資分析師的建議在這12年來提供了不少價值。以最受投資分析師所推薦的股票所做成的投資組合,可以獲得十分高的4.13%的年收益率,而最不被推薦的股票的投資組合,年收益率則是負4.91%。唯一的缺點就是,這些推薦股票的附加價值多半被券商的手續費所吃掉了,因為我們也時常會聽到新的建議而跟著調整自己的投資組合。

難以置信的買進

若要從分析師的建議中獲利，我們就必須了解他們很容易犯下的系統性偏誤。他們常會使用符碼式的語言，例如：

- 當分析師說「強烈建議買進」，他們真的就是這個意思——他們當真認為此時應該買進。
- 換句話說，一般的「買進」是說你可以考慮要不要買進，但他們未必如此認為。
- 「觀望」或「中立」並不是說你也應該觀望或是中立，而是說你應該賣出或是放空。
- 「賣」或是「減碼」當然就是十分負面的看法了。

為了取悅企業客戶，過分樂觀的情形不僅顯現在推薦名單上，也出現在預測數字中。美國聯準會的史帝芬・夏普（Steven Sharp）在1999年發表〈股票價格、預期收益與通貨膨脹率〉的報告，他研究了自1979年到1996年來的18年期間，分析師的獲利預測平均值，並將其與實際值加以比較。結果發現：

- 年度EPS（每股盈餘）成長率的預測值比實際值平均高出9個百分點。
- 在研究的18年期間，有16年的盈餘預測值超過實際值。
- 在1980~1981及1990~1991年的兩次經濟衰退期間，分析師預測企業盈餘平均有10%的成長，但實際情況卻是衰退。

這股過分樂觀的趨勢在1990年代後期更是達到最高點，看看下面這個讓人訝異的事實（資料來源：2001年4月2日《商業周刊》）：

到2001年4月為止,瑞士信貸的分析師觀察了全球總共
1,328支股票,其中,他們建議賣出的只有11支(沒
錯,11支)。

此外,在瑞士信貸發表建議賣出的報告後,這11支股票平均
上漲了11%,這在熊市市場中是令人印象深刻的表現。其實,這
應該是顯示金融研究品質日漸下滑的跡象,這個情形自1996年以
來更加惡化,到了2000年,簡直變成了大災難。巴伯、李哈維和
楚曼在另一篇於2001年發表的〈預測與損失:重新評價分析師的
建議標的及其收益率〉研究中指出,1997年最受分析師推薦的股
票比大盤的表現還落後7.8%,1998年時則較大盤低5.3%。1999
年情況終於好轉,這些股票領先大盤8.4%。到了2000年,他們
所推薦的股票卻成了大災難。這三位經濟學家的研究結論是:

> 最不受分析師推薦的股票平均漲幅達48.66%,而那些
> 頗受推薦的則反而下跌31.20%,報酬率差距達到近
> 80%。2000年的各月份幾乎都是如此,無論大盤是漲或
> 跌,也不管是科技股或非科技股。

這種研究品質惡化的趨勢是否將持續下去仍待觀察,至少在
看待投資分析師的預測時,我們得到一個十分肯定的結論,那就
是我們要把他們的預測和建議大幅度向下修正,並且要假設他們
是一群很不會預測空頭市場的人。

無風不起浪？

君子求諸己，小人求諸人。

——孔子

　　1891年，年僅14歲，名叫傑西·李佛摩（Jesse Lausten Livermoore）的少年加入紐約證券經紀公司，擔任報價助理的工作。李佛摩的記憶力超強，很快就發現到某些特定的價格波動總是會領先市場的上漲或下跌。這個現象引起他的興趣，他開始勤快的記筆記，每天都會寫下自己對隔天價位的預測，然後，再把自己的預測和真實結果加以比較。不用多久，他就發現自己的預測準確率十分不錯。

少年投機者

　　某天，辦公室裡另一個年紀稍微大一點的男孩告訴李佛摩，他得到一個柏林頓公司股票的利多消息。李佛摩研究了一下這檔股票之前的價格表現，也認為柏林頓的股價即將上漲。現在，他們唯一需要的就是5塊美金，才能在投機經紀商那裡開立保證金

帳戶來操作這支股票。然後，他們開始按照計畫交易這支股票，兩天之後，他們就將獲利落袋為安，李佛摩在這筆交易中賺了3.12美元。

這筆交易開啟了世界上最知名的投機客的職業生涯。很快的，李佛摩開始在紐約各經紀公司裡進行投機交易，因為他相當有天賦，可以解讀股價在每秒間的波動變化，所以也賺了不少錢。

幾年過後，由於他的天分傳遍整個紐約市，沒有一家投機經紀商願意再讓他進行交易。有一段時間，他甚至得用假名來做交易。李佛摩最後還被迫搬到聖路易市，開始重新做交易。可是好景不常，他又遇到了和在紐約時一樣的問題。從那時起，他成為全美投機券商最害怕的客戶，大家都知道有一位「少年投機者」這號人物。在投機券商那裡交易了好幾年之後，李佛摩轉移陣地到真正的市場。雖然他的投資生涯並不是十分穩定，但最後還是累積了3,000萬美元的財富。

內線消息

某天傍晚，李佛摩和他的老婆在棕櫚泉海灘共進晚餐，他們坐在魏森斯坦的旁邊。魏森斯坦是婆羅州錫礦公司的總裁，同時也是暗中操縱該公司股價的內線交易集團的經理人。魏森斯坦特意安排坐在李佛摩的太太旁邊，並且在晚餐期間對她大獻殷勤。最後，魏森斯坦小聲地告訴李佛摩的太太：

> 很高興認識您和您的先生，我要先向您保證我說這句話
> 的真誠性，因為我實在很希望能夠親眼見到你們。相信
> 不用我多說，你們就知道我將要說的話有多機密了。

　　然後，魏森斯坦又小聲說道：「如果你買進婆羅州錫礦公司的股票，一定可以賺錢。」正好那天李佛摩給他太太500美元，所以他太太對此建議十分感興趣。

　　魏森斯坦看出這點，他繼續說道：

> 就在我離開旅館之前，我接到一些外界至少要好幾天之後才會知道的電報消息。我會盡我所能地買進所有婆羅州錫礦公司的股票，如果你在明天早上開盤時就去買進，你買進的時間會和我一樣，價格也相同。我向你保證，婆羅州錫礦公司的股票絕對會大漲，你是唯一知道這個消息的人，絕對是唯一的一個！

　　魏森斯坦這麼做的目的當然是希望能夠透過李佛摩的太太，將這個消息傳給李佛摩，並期待李佛摩會在市場中大舉買進婆羅州錫礦公司的股票，這樣子魏森斯坦的內線交易集團就可以趁機倒貨。可是李佛摩的太太並沒這麼做，她決定這是她這一生以來第一次自己操作股票，反正她現在有500美元……

　　隔天早上，她去找李佛摩的營業員開立了屬於自己的帳戶，她並且交待營業員不要讓李佛摩知道她買股票的事。股市開盤後，她用保證金交易全力買進股票，平均價格是108美元。

　　李佛摩太太前腳才離開，她先生後腳就到。他對市場後勢看空，已經選好了一支股票準備用來瘋狂拋售。這支走勢看起來像是內線交易者正在倒貨的股票就是婆羅州錫礦公司。這天，李佛摩放空了10,000股，隔天又放空了4,000股。

　　第三天的早上，李佛摩太太在11點左右經過營業員的辦公室，營業員看到她，趕快把她拉到一旁說，婆羅州錫礦公司的股票現在只剩票面價格，她的帳戶自然損失慘重。她必須追加更多

保證金。因為營業員不能告訴李佛摩太太，正是李佛摩在放空同一支股票，他只能委婉地建議她回家和先生商量一下這個問題。至於後續的對話，就沒詳細的紀錄可茲查考了。至於後續的對話，就沒詳細紀錄可查考了。

當壞人採取行動

李佛摩太太所學到的教訓是，要和擁有高明技巧的操作者對做，實在是件很不智的事。這些操作者大致可分為以下四種：

1. 企業內部人員（擁有該公司5%以上的股份）
2. 股票經紀商
3. 主要的避險交易者
4. 主要的投機交易者

在美國，上述這些重要的市場操作者的交易行為，都會被主管當局記錄並予以公布。這些統計資訊值得好好研究。

企業內部人員

企業內部人員可能是上市公司的董事，高階經理人或是擁有該公司5%以上股票的人。按照規定，企業內部人員在交易自己公司的股票時，必須提出表格4（Form 4）的申報。如果很多公司內部人員大舉拋售股票，有可能是因為他們短缺現金。但第二種、也更可能成立的原因，就是他們已經得知了一些負面消息，所以，這是一個警告訊號。如果內部人員買進公司股票，無庸置疑是因為他們基於對公司資訊的了解，而知道了一些利多消息。所以，隨意看看內部人員交易紀錄所得到的資訊，都會遠高於

1,000份盈餘預測報告所能提供的訊息。公司內部人員的交易紀錄會定期公布在《維克周刊》（*Vicker's Weekly*）、《巴隆雜誌》及《華爾街日報》。

股票經紀商

佛瑞德‧史威德（Fred Schwed）在他於1940年出版的《顧客的遊艇在哪裡？》[39]一書中，曾經提到某位造訪紐約的遊客參觀華爾街的故事。在港口時，導遊首先指著一個方向告訴他：「這些都是那些銀行家們的遊艇，另外這些是股票經紀商的。」這位天真的遊客問了一個最重要的問題：「那麼顧客的遊艇在哪裡？」史威德要說的是，相對於營業員，顧客的交易並無法讓他們賺到一樣多的錢，所以無力購買遊艇。他說：「每天收盤後，經紀商的獲利漫天飛舞，那些被黏在天花板上的些微獲利才會慢慢地流到顧客身上」。

不過，專業者的確能夠賺得到錢。如果我們研究這些強制揭露的交易報告，可以發現這群專業者的表現通常會優於大多數的市場操作者。所以，跟著他們的腳步也可以改善我們的操作表現。特別是以下幾種指標：

- 如果市場上大多數的放空是來自於股票經紀商，這表示市場將下跌；
- 相反的話，股票經紀商的放空數量僅占所有放空量的一小部分，那麼市場即將上漲。

---

[39] Where are the Customers' Yachts?

避險和主要投機交易者

　　每個月的中旬，商品期貨交易委員會（Commodity Futures Trading Commission, CFTC）都會公布一份關於美國期貨市場的《交易者報告》（*Traders Report*），揭露未平倉量在三種類型交易者間的分布情形，這三種類型分別為主要避險者、主要投機者和市場散戶。就像前面提到的分類，這些統計資料是得自於法定的揭露資訊。

　　表現最好的交易者是避險者。如前所述，避險者試圖藉著金融交易來減少風險，例如：出售在未來才會交割的小麥農夫。因為長期活躍於市場中，這些人通常具有極佳的市場洞察力，而他們對市場的洞察力也自然地反應在他們的金融避險上。所以，我們並不會奇怪避險者是三種交易者當中表現最佳的族群。至於主要投機者的表現次之——他們仍較一般人聰明，而這也是理所當然：如果他們沒有比較聰明，就不可能做得太大。

卡位戰

　　一定會有人反對上述論點：「只盯著其他人在做什麼，而不去管景氣或市場，這種做法不是很奇怪嗎？」針對此一問題的最佳答案，就在凱因斯在《就業、利息與貨幣的一般理論》一書中有關市場的描述：

> 市場投資就像是參與「配對卡片」、「老處女」或是「搶椅子」的遊戲，勝利者在「配對卡片」時要及時地大聲叫出「史耐普！」在「老處女」遊戲時則要在遊戲結束前把老處女牌傳給其他人，在「搶椅子」遊戲中就

要趕快在音樂結束前佔到一把椅子。雖然大家都曉得在遊戲結束時，總有人會拿到老處女牌，也總有人會找不到位子坐，人們還是津津有味地參加這些遊戲。

他進一步指出：

與奪得先機相較，我們需要更多的智力才能擊敗時間與對未來無知的神祕力量。此外，人的生命有限，人類想要快速得到結果，特別是快速致富，所以一般人對於很久以後才能得到的財富，通常會打上很大的折扣。對於那些沒有賭博天性的人而言，專業投資的遊戲既無趣又辛苦，但對那些天生有賭性的人來說，他們會為此一興趣付出相當代價。

他繼續說道：

我們已經到了第三級：我們集中心力來推測一般人所認為的一般意見為何。而且我相信，還有一些人在進行第四級、第五級，甚至更高等級的推測。

研究企業內部人員、股票經紀商、避險者和投機者，就是第二級。即使我們是極端聰明的人，也不能忽略掉這一級。因為如果其他人的行為和我們所預期的不同，等到音樂停止時，我們就會變成沒有椅子可以坐的人。但我們不要花太多時間在這個層級，第三級正等著我們。

小魚和大魚

主人啊，我真好奇那些海裡的魚是怎麼活的。

為什麼呢？還不就像人在陸地上——大魚吃小魚呀。

——莎士比亞（Shakespeare）

第三級自然是要觀察那些不太聰明的人，然後去做和他們行為相反方向的事。這就叫做「相反意見」。

傳統上，最不精明的人也是一群很少數的人，在股票市場中，他們常被稱為散戶。散戶是指那些交易量只佔整體市場少數比重的投資人。最早是由加菲爾德·德魯（Garfield Albee Drew）開始研究散戶的交易資料，找出他們的交易原則。然而，他所觀察到的情況並非完全相同。散戶多半在股市上漲時賣出，在下跌時買進。這種做法不是很高明，但也不是完全沒有希望。

可是德魯也發現，散戶在大空頭走勢見底回升時的買超部位也很少，在股市探頂時的賣超部位同樣也不高。所以，可以預見的是，小散戶在市場中扮演了「大傻瓜」的角色，你可以在股價即將觸底反彈時以極划算的價格從他們手中買到股票，他們也願意在股價觸頂時承接你手中的持股。不過到了今日，由於散戶多

透過購買共同基金或是電腦程式交易來投資股市，這種方法已經相對不可行。在德魯的時代，散戶的交易量約占全紐約證交所交易量的15％，到了今日，散戶交易量僅佔不到1％。所以現在有關散戶交易的統計資料，只能告訴我們以下這一個有用的訊號：

● 如果散戶的放空量大幅增加，表示市場即將觸底。

　我們可從《巴隆》雜誌中得到散戶交易的資料。

多頭共識指標

　　由於散戶交易量已不再是一個有效的指標，相反意見的運用做法益臻複雜。我們可以用以下這個專門利用愚弄專業者來獲利的美國顧問公司的例子來說明。該公司為哈達迪公司（Hadady Corporation），它每週都會出版一份名為《多頭共識》（*Bullish Consensus*）的統計刊物，刊物內容是各家證券公司每週對於股票、匯率、貴金屬和商品期貨的推薦買賣統計。只要跟著這些建議買賣，「就有可能像專業投資顧問一樣地做投資」。

　　跟著這麼做的話，很快就會造成毀滅。實際經驗顯示，這些投資顧問常常都是錯的。事實上，如果這些人都推薦相同的股票，我們若是反其道而行，反而能夠獲利。重要原則就是，如果他們都建議買進，你就要賣出；如果他們都建議要賣出，那你就要去買進。圖13.1即顯示專業機構的買進建議和市場走勢亦步亦趨。

　　實務上，「多頭共識」這項指標是根據該公司所搜集的全國頂尖證券公司所做的買賣建議報告，再依各報告的樂觀程度將其以-3～+3的分數來評分。-3表示極度看空，0表示中立，+3表

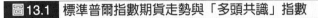

圖13.1 標準普爾指數期貨走勢與「多頭共識」指數

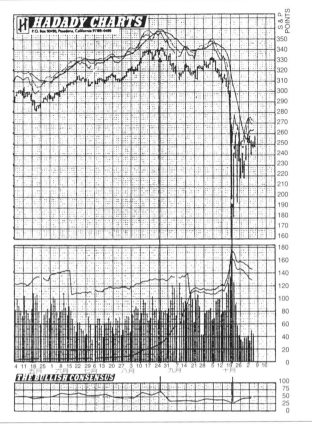

本圖分成三大部分，最上面一欄為美國指數期貨在1987年美股崩盤前後時期的走勢。中間欄則是該段期間的每日成交量（直條）以及1987年12月到期及其他到期日期貨合約之未平倉量（曲線）。最下面一欄則為「多頭共識」指數的變化。8月25日星期二，多頭共識指數於當年首度到達代表樂觀情勢分界點的70；由於該指數在接下來的一週開始下滑，顯示此段時間應為空頭走勢（這可由該段時間的未平倉量並未增加的情形來加以確認）。到了10月20日，該指數跌到了代表極度悲觀的25，再下一週，指標些微上升，但未平倉量卻開始減少，這正是出現相反意見的買進訊號。

（圖形來源：《多頭共識》，哈達迪公司）

示強烈看多（譬如報告中出現類似「我們強烈建議要在目前價格買進」的文字）。

評分會再根據該份報告的發行量來加權，如果這份報告是做商業發行，發行量的資料就可立即取得；但若此份報告僅提供給其客戶，那發行量的資料就根據該公司聘用的營業員數目來加以計算。最後再將每支金融商品所得到的分數平均值轉化為0到100的指數，0代表所有的券商報告都不看好，而100則代表所有券商都對此商品極度樂觀。這個指數在每週二美股收盤後公布。

使用這類指標的最重要關鍵原則就是：

當多頭共識超過70時，不要買進；當它跌到30以下時，不要賣出。

可是，我們也要注意這種指標在不同市場的反應也會稍有差異：在決定一個市場是超買或超賣時，某些市場需要更多來自券商的資訊。圖13.2為另一個股市多頭指標的表現。

未平倉量

要想利用上述指標來從交易中獲利，我們一定要掌握另外一個叫做「未平倉量」（open interests）的技巧。未平倉量可以告訴我們市場上在某一時點有多少的投資量。在一般的債券或股票市場裡，並不會出現流通證券數量大於其發行數量的問題（姑且不算放空交易的部份）。但期貨市場中的選擇權和遠期合約就不一樣了。它們的情況特殊，因為市場上的買盤或賣盤並沒有數量限制，只要買盤和賣盤彼此相等即可。所以，投資人對市場的態度

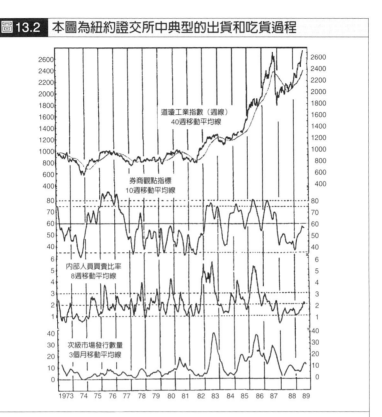

圖13.2 本圖為紐約證交所中典型的出貨和吃貨過程

圖形上方為道瓊工業指數於1973年～1989年間的走勢，中間的圖形則為類似「多頭指標」指數的券商觀點指標，較高值（至少75）代表出貨，較低值則代表吃貨（35以下）。第三張圖形則是企業內部人員的買賣比率，若在3以上就代表出貨，在1以下就代表吃貨。最下面一張圖形代表次級發行的數量，所謂次級發行是指某些已發行的股票在市場上再度發行。次級發行數量的增加是評估出貨情況的直接指標。美國證管會（SEC）會在其出版的「與表3及表4有關的內部交易活動正式報告」中公開企業內部人員的股票交易活動資料。若我們同時比較這三種指標，會發現1976年、1983年和1986年間出現過出貨情況，而吃貨情況也曾在1974年、1984年、以及1988年大崩盤後出現。

（資料來源：投資人情報公司《國際銀行信評分析》以及紐約拉蒙特股票研究公司）

是影響未平倉量的唯一因素。

　　期貨市場每天都會公布未成交契約或未平倉量的統計資料（因為每筆契約都包含一個買方和一個賣方，所以一筆尚未平倉的契約就是一個未平倉量）。有了這個指標，我們現在可以把相反意見原則稍微修正一下：

- ●只要多頭共識指標並未達到超買或超賣區，一般而言我們應該遵循該指標的趨勢。
- ●如果未平倉量隨著價格走勢變化而上升，上述原則更加可信。
- ●如果市場人氣指標顯示超買或超賣的情況，且未平倉量同步增加，這個訊號就無效。
- ●如果未平倉量下降，就表示市場上出現獲利回吐或停損的情況。這會損及趨勢波動的可信度。
- ●如果未平倉量下跌，且市場人氣指標衝到頂點後又返回觀望區，即表示走勢即將大幅反轉。

　　最後，還要特別注意：如果走勢明顯反轉，且未平倉量在此之前就十分高，由於這些尚未平倉的部位必須儘快平倉，將使新的走勢動能更加增強。

為什麼這些原則有用？

　　沒有人想要對著鏡子承認：自己就是小散戶，典型的小人物，總是錯誤地解讀市場，買高賣低，而且幾乎每筆交易都賠錢。其實，這也是讓我們在股市成功的出發點。如果我們非常確定到自己總是做錯方向，那麼乾脆叫營業員總是根據我們指示的

進行反向操作，我們叫他買股票，他就放空；我們想賣出債券，他就加倍買進。事實上，這就是奉行相反意見論者的做法，其邏輯如下：

> 很多活躍的投資人都會訂閱或是免費收到許多根據基本面或市場分析所做出買賣建議的投資通訊。一般而言，投資人會相信這些投資通訊的內容。如果投資通訊都建議買進，我們可以假設有一大群投資人會跟著買進。

到現在為止，這個邏輯簡明易懂，但是：

> 有一筆買進交易，就會有一筆賣出的交易。如果大多數人都買進，那麼平均而言，賣方就會是規模比買方大的「大魚」；如果90%的人是多頭，那賣方的平均規模會是買方平均規模的10倍大，而若95%的人都是多頭，那賣方的平均規模就是20倍大。換句話說，多頭占絕大多數即表示傳統出貨過程的結束，走勢即將反轉。

實際上，多頭共識指標可說是對查爾斯・道於1902年所提出的吃貨和出貨現象所進行的數量化分析，即：大魚吃光了小魚。

我們可以想像道氏和凱因斯看到多頭指標與其使用原則時，會發出怎麼樣的笑聲。他們一邊很開心地收取大家的訂閱費用，一邊也會懷疑，什麼時候才會達到第四級的程度：如果每個人都奉行相反意見，那麼，當你帶著《多頭共識》出現在股市時，就像是參加晚宴時才發現自己和女主人撞衫。當這天來到時，你可能要相反再相反，才是真正的相反，然後……

讓我們先忘記這個煩人的場景，看看另一個相反意見指標

——讓我們來研究一下媒體的效果。

當媒體知道……

　　媒體是喜歡懷舊思考人士的最佳指標。我們要在媒體中尋找的是一些看起來很明顯，且獲得大眾共識的事情。如同喬瑟夫‧格蘭碧（Joseph Granville）在1960年出版的《每日股市時機策略》[40]所言：「大家都知道的事，顯然是個錯誤。」他以1937年8月14日的報導做為例子，那天的報導顯示經濟前景一片光明：

- 暫停付款金額為1919年以來的最低水準
- 經濟成長可望於秋天開始加速
- 商業活動的增加可望帶動信用需求成長
- 景氣蕭條終於結束
- 建築業活動創下新高
- 加拿大工業生產較一年前成長20%
- 主要百貨公司銷售金額上升
- 人造絲產量創歷史新高
- 鋼產量較上月成長9%

　　隔天，股市開始下挫，7個月之後，股市的市值跌了將近一半。

　　我們很難確定某件事是否真的為大眾所知，但在媒體開始預測股市即將出現持續多年的上漲或下跌走勢時，市場就會反轉。1979年8月13日，《商業周刊》的封面標題是：〈股市之死：通貨膨脹正在毀滅股票市場〉。其後兩年股市震盪打底，到了1982

---

[40]　A Strategy of Daily Stock Market Timing.

年，市場展開漲幅高達300%的多頭走勢（圖13.3）。

　　現今的情況並無太大的不同。1984年10月8日，美國《商業周刊》的封面圖片是由火箭推動的美元，封面標題是〈超級美元〉。報導指稱，美元正在重塑全球經濟，其影響可能持續10年之久。5個月後，美元匯率升至頂點，隨即展開最快也最長的空頭走勢（圖13.3）。

　　1984年5月28日，《商業周刊》的頭條變成：〈政府公債面臨的困境〉：「……投資人無計可施，只能接受債券價格持續下挫的現實──讓已經很緊張的國債市場面臨了更大的壓力。」這期周刊發行之後，債市馬上開始了強勁的多頭走勢（圖13.4）。

　　這種例子持續出現，1984年5月21日，《商業周刊》刊出一篇名為〈公共事業股票過時了嗎？〉的報導，19天之後，道瓊公共事業指數觸底回升（圖13.4）。

　　同樣地，1984年12月17日的〈礦業股之死〉的標題，也是代表可以介入礦業股的訊號。

　　在全球多頭走勢於1987年觸頂之前，《商業周刊》的觀點已經完全改變。在7月6日出刊的雜誌中，封面標題是：〈股票還是最佳賭注〉（圖13.3）；第40頁的文章標題則是：〈好時光就在投資人的眼前，1987年通膨低，利率穩定，還有許多賺錢的好機會！〉；第43頁的標題則是：〈誰在推動市場？就是豐厚的盈餘〉。這篇文章的結論是：

　　即使市場價位仍在相對高檔，還是不構成賣出的理由。高價位是多頭走勢的指標，在經濟穩定成長且通膨率低的情形下，股市的多頭走勢可以持續好幾年。

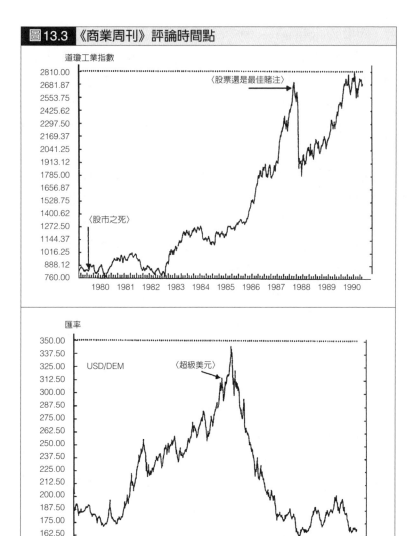

圖13.3 《商業周刊》評論時間點

第一張圖形顯示《商業周刊》在1984年對股市的看法十分悲觀，但到了1987年的半年度投資調查中，它的看法已轉趨多頭。
第二張圖形則可以看到出現〈超級美元〉評論的時間點。

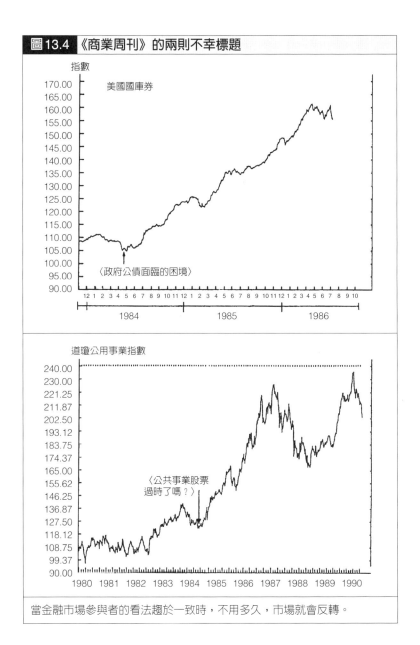

圖13.4 《商業周刊》的兩則不幸標題

指數

美國國庫券

〈政府公債面臨的困境〉

道瓊公用事業指數

〈公共事業股票
過時了嗎？〉

當金融市場參與者的看法趨於一致時，不用多久，市場就會反轉。

　　7個禮拜以後，市場開始下跌，到了10月更是創下單日最大跌幅。

　　日本股市於1990年崩跌之前也可以看到類似例子。1989年12月25日出版的《商業周刊》中刊出一篇文章，標題為：〈日本市場投資人認為好戲還在後頭〉，文章結論是：「和以前一樣，日本再次打敗了其他人的質疑。」日本股市在4天之後成功攻頂，並在1990年2月大崩盤（圖13.5）。

　　《商業周刊》最激勵人心的一期出現在2000年2月14日，週刊封面標題是用彩色美鈔圖樣所繪成的「繁榮」字樣。文章一開始就說道：

> 慶祝的時刻來臨了。當前的經濟擴張將於本月份創下美國史上最久的景氣擴張紀錄，此次景氣擴張已創造了數百萬的工作人口和股票投資人，也重建了公眾信心，讓許多人擁有實現「美國夢」的機會。我們會在〈經濟榮景如何改造美國經濟〉的報導中進一步介紹。

這篇文章的結論是：

> 經濟體系更具生產力與彈性，美國民眾也是如此。這個國家再也不一樣了。

　　不久之後所發生的崩盤十分驚人，美國及其他國家的股市都在稍後幾週見頂，隨後即開始全球股市的大空頭走勢，而這也意味著全球景氣榮景的結束。

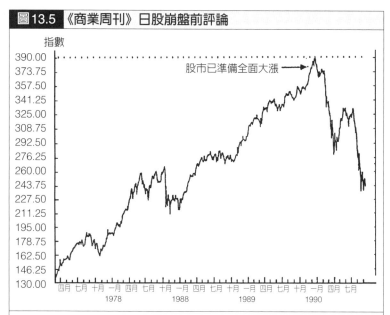

圖13.5 《商業周刊》日股崩盤前評論

指數

股市已準備全面大漲

390.00
373.75
357.50
341.25
325.00
308.75
292.50
276.25
260.00
243.75
227.50
211.25
195.00
178.75
162.50
146.25
130.00

四月 七月 十月 一月 四月 七月 十月 一月 四月 七月 十月 一月 四月 七月 十月 一月 四月 七月
　　　　　1978　　　　　　　1988　　　　　　　1989　　　　　　　1990

日本股市大崩盤的前4天《商業周刊》做了標題為〈日本市場投資人認為好戲還在後頭〉的分析評論。

文中引述了三位專家的說法。第一位是野村證券總裁，他表示：「股價可能會有些波動，但仍將向上」；第二位是霸菱證券的專家，他認為成交量的持續增加會帶動股市繼續上漲；最後一位則是日本第一生命保險的助理投資經理，他宣稱：「股市會全面上揚。」

社會比較與說服效果

　　我們可以利用兩種心理現象，進一步了解媒體和市場的互動方式。第一種現象就是「社會比較」，這種現象會出現在我們對某些事情有懷疑，而想從別人身上找到答案的時候。拉丹（Latane）和達利（Darley）這兩位科學家曾在1968年進行一項實驗，他們要求受訪者在同一個房間內回答問卷，一段時間後，

他們再利用通風管將煙霧引進房裡，結果發現，當只有一位受訪者單獨在房間內的時候，他會很快對此煙霧現象做出反應，但如果有好幾位受訪者同時待在房間內，那就要等上一段時間，才會有人開始對煙霧現象做出反應。

可能的解釋是，如果可能的話，每個人都喜歡利用別人的判斷來做為自己判斷的基礎。的確是如此，人們都比較喜歡追隨別人的腳步，而不是去形成自己的看法。現在，因為大家都在同一個房間裡，每個注意到有煙霧的人都在等待別人先做出反應。我們同樣可以很容易地想像，當股市上漲時，幾乎沒有人有任何警覺心，因為……，沒錯，就是因為沒有人有警覺心。

另一種會塑造媒體與市場關係的現象，就是所謂的說服效果，說服效果是指我們比較容易被可靠的消息來源所說服，而不是被可靠的論證所說服。很多人都將股票價格視為股票價值的可靠資訊來源，因為股票價格反映了所有市場參與者的綜合意見，因此這就可以說服記者採用符合近期金融商品價格走勢觀點，來描述經濟的現況。

警訊

我們已經看到，相反意見這個觀念可以得到統計數據與心理學理論的支持。可是，相反意見雖然既有用又很有意思，我們在使用時仍需十分小心。如果要用人氣指標來衡量投資的時機，如前所述，我們應該勇於在上漲時買進，事實上，只要沒有到達臨界點，人氣指標還是很好的訊號指標。

同樣的，如果媒體對於股市上漲（或下跌）走勢的支持聲浪不大，那就不太需要擔心。當我們在股市上漲後看到諸如「漲勢

可能持續數年」或是「某檔股票是最佳投資標的」的報導時，就表示這是危險訊號。同樣的，當媒體出現「現在買進純屬投機」的時候，就表示最佳買點即將出現。

散戶絕對是錯的嗎？

反向思考很有趣，它可以給我們一種優越感。可是一直用這種方式思考並不健康，還好相反意見的法則並非總是有用，有時候與其相反的做法才正確。典型的例外情況就是當市場主力企圖操縱大型市場時，結果通常以失敗作為結束。市場主力成為最後的輸家，小散戶反而成為贏家。

經典例子就是邦克·杭特（Bunker Hunt）與其家人在1979年大量買進白銀的案例。從1979年夏天開始到1980年初的這段期間，他們大量買進白銀，數量估計約占整個西方世界白銀存量的六分之一，因而導致白銀價格膨脹五倍（由每盎司10美元漲到50美元），而且讓人難以置信的，他們似乎想要併吞這個龐大的市場。不過他們的計畫並未成功，有些人可能還記得報紙上曾刊登的小廣告：「高價收購銀製品。」

在這種價格下，吸引很多銀製的歐洲鍋盤和印度足環投入此一市場。最後，白銀現貨市場被迫執行一條沒有被注意到的小規則：「只能清算，不可再新增部位」，白銀市場轟隆一聲崩潰，杭特兄弟的虧損約達10億美元。

賠那麼多錢或許也是一種投資風格，但絕對不好玩。想要操縱流動性高的市場幾乎是不可能的事，而且這不僅適用於那些喜好冒險的投機客。如果中央銀行企圖控制匯率的方向，結果也常常事與願違。當央行開始干預外匯市場時，它可以阻斷趨勢，但

就像擋住急流河水的水壩一樣，只能維持一段時間。幾天、幾週的時光過去，壓力持續增加，最後該國匯率終於支持不住，首先對小國家的匯率失守，然後守不住某個主要貨幣的匯率價值，於是引發全面性賣壓，此時沒有任何政府當局可以力挽狂瀾。而且，當這種情況發生時，如同亞當・史密斯所言：「身為群體一員的感覺真好。」

框架與態度

人類最珍貴的特性，就是明智地判斷哪些不可信。

——歐里庇得斯（Euripides）

我們已經討論了第一級資訊（新聞）、第二級資訊（企業內部人員在做些什麼）和第三級資訊（新手如何操作）的價值，現在，我們也應該要去了解可以影響專業人士和新手投資者如何運用這些資訊的心理現象。我們先從介紹下面這個有趣的社會心理學實驗開始：

- 一個正常的受訪者走進一個房間，裡面有一位訪問者和類似電視上所看到的幸運輪盤，輪盤上有1到100的數字。
- 受訪者轉動輪盤，指針會隨機指向一個號碼，假設是41。
- 訪問者問受訪者：非洲國家的數目是高於或低於這個隨機數字（本例中此數字為41）？
- 受訪者回答後，訪問者再問他聯合國中究竟有幾個非洲國家。

接著再對其他不同人重複這項簡單的實驗，然後就可以得到

統計結果。結果十分有趣：

> 平均而言，指針落到大數字的人認為聯合國中的非洲國
> 家數目，會高於那些指針落到小數字的人。

沒錯，多年以來，這個由特沃斯基和卡尼曼所發展出的實驗經過許多不同型式的變化之後，經由他們本人和其他科學家的反覆重新驗證，其結果都證明，人們傾向於利用相同脈絡環境下所得到的資料來做出困難的決定，即使他們知道這些資料是隨機的，根本無助於發現正確的答案面。

框架和定位

要描述這種現象，心理學者會使用「定位」（anchoring）和「框架」這兩個名詞。定位是指某件可能是線索的事物（儘管並無意義），而框架則是指問題呈現的方式。例如在輪盤實驗中，我們可以稱實驗的過程為「框架」，而輪盤指針所指的隨機數字就是「定位」。

現在，假設你是投資分析師，必須對某支股票未來12個月的目標價位做預測，以下是在你去拜訪該公司管理階層之前即已得知的資料：

- 在16位持續分析這家公司股票的分析師中，有14位「強烈建議」買進
- 他們明年的平均利潤成長率預測為48%
- 類似公司的平均本益比為115，而這家公司是114
- 現在是多頭市場

● 目前股價為200美元

● 16位分析師的12個月價位目標平均值為260美元

　　如果你想要進行獨立研究,那麼以上資訊應該對你沒有任何影響;你應該根據你自己的獨立意見來做判斷。可是這些資訊會框住你的思考,而這個框架裡的定位點是實際股價、最近走勢和12個月價位目標平均值。所以,當你去評估這家公司時,你會想將自己的目標價位設在略高或略低於平均為260美元的價位附近。你已經被框架限制住了。

群體思考

　　框架如何產生?在轉輪盤的例子中,框架就是輪盤上的數字。但對於金融市場中的投資人而言,下列因素都會讓我們產生框架,包括:投資分析師和一般媒體報導、認識的人的言行,特別是價格走勢,它可以告訴我們其他投資人都在做些什麼,因此我們會被目前價格和走勢框住。

　　這點很重要,因為在資訊自由流動的情況下,投資人和交易員成為一個相互連結的團體,這表示每位參與者都可能被他自認為對他人的了解所框架住,而這就會導致整個團體透過致命的「群體思考」過程,而被集體所框架住。

　　集體思考是社會心理學中十分有名的現象,索羅門‧亞奇(Soloman Asch)在1965年提出一個最有名的例子:如同圖14.1所示,每位受訪者必須回答,在Λ、B、C三條線中,那　條和測試線的長度相同。如同我們可以看到的,這實在是個再容易不過的問題,99%以上的人都會回答B。回答其他答案的人一定是

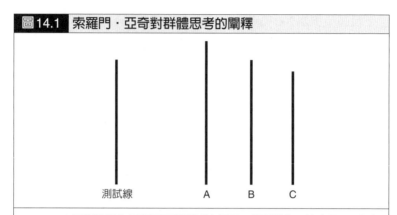

圖14.1　索羅門‧亞奇對群體思考的闡釋

測試線　　　　A　　B　　C

> A、B、C三條線段的長度是否與測試線相同？很明顯的，答案是B。但如果你前面的人回答A的話，你會同意嗎？很多人因而會回答A才是正確的答案。

瞎了，不然就是在開玩笑。

　　所以，當受訪者進行個別回答時，99％的人都可以正確回答。現在，讓我們來看看，如果將這些人和一些意見不同的人放在一起時，會發生什麼情形。亞奇將幾位共同參與研究的同事和正常的一般受訪者組成了一個小組，他指示其中一位或幾位同事故意在其他一般受訪者面前說出錯誤的答案：A，以下是答案的平均值：

沒有人在你之前回答問題：　　1％的人回答錯誤的A或C
一個人在你之前回答A：　　　3％的人回答A
二個人在你之前回答A：　　　13％的人回答A
三個人在你之前回答A：　　　33％的人都回答A

　　所以，大約有三分之一的人只要看到別人都做一樣的事情，就寧願放棄顯而易見的事實。我們也可以因而得到一個結論，這

種現象也適用於金融市場：大部分參與者會接受明明看起來是錯誤的事情，只是因為他們認為別人也是如此認為。我們要記住一件事，金融市場中的價格錯誤並不像亞奇實驗中的問題那麼明顯，科學家們已經發現，群體思考僅會在高壓與複雜的環境中發生作用，此時群體的領導者會利用類似的決策方法，而且高估了自己的能耐——這些情況都適用於金融市場。

　　如果我們所處的環境存在著要求我們認同群體的壓力，人們也比較容易受到群體思考的影響，這可以從亞奇的實驗中清楚看出。他在某些情況下會明白告訴受訪者，只要該組成員答對的比率高，全組成員就可以得到獎勵。他發現，如果受訪者知道這個消息，而且若在他之前有至少三個以上的人說了錯誤的答案A，

群體思考的症狀

群體思考的部分症狀是：

- **說服效果**：我們比較容易受可靠資料來源的影響，而非一個可靠的論證。
- **過分自信行為**：我們過分高估自己可以做出正確決策的能力，導致我們對其他可能性的了解不足，無法適當地評估風險與不確定性。
- **適應性態度**：我們發展出和身邊人士一樣的態度。
- **社會比較**：我們參考他人的行為，用來理解某些問題的資訊來源。
- **選擇性接觸**：我們試著只讓自己去接觸那些可以支持自己行為與態度的資訊。
- **選擇性認知**：我們錯誤地解讀資訊，使它們看起來可以支持我們的行為與態度。

就會有超過47%的人說出一樣的錯誤答案。而這種類似的情況是否也會發生在投資分析師的身上？

當金融價格成為心理的定位點

在金融市場的群體思考現象中，最重要的因素之一，就是金融商品的價格；因為沒有任何資訊比價格更可以如此經常地且廣泛地被傳遞，也沒有其他資訊可以像價格一樣地告訴我們「其他人正在做些什麼」。價格可以告訴我們其他人所認為的合理價位，所以，價格成為告訴我們自己合理價位是多少的定位點。

而這並非只是一種靜態的現象；價格的近期趨勢也是一個定位點。我們會有一種非理性的傾向，認為價格的近期趨勢將會在相同的方向持續下去，我們可將其稱為「方向定位點」。這種心理上的推論有時候也被稱為「代表性效應」，意指我們傾向於認為目前的走勢會一直延續下去。特沃斯基和卡尼曼的許多實驗已證明了這種現象的存在。

金融市場中的框架、定位點和群體思考現象讓人十分困擾，主要是因為它們會創造出集體的循環思考系統。人們會遵循其他人的作為而行事，即使這意味著他們可能在價格太高或太低時進行金融商品的交易。這的確是一個問題。但是當我們也同時考慮方向定位點和代表性效應時，這個問題會變得更嚴重。此時的框架和定位已不再是靜態行為，而是變成一種動態行為，可以創造出能夠自我延續下去的走勢，直到情況變得極其怪誕為止。本書接下來就要特別討論在這種趨勢下的心理現象。

態度的效果

　　框架和定位點是影響我們如何處理資訊的重要因素。可是我們也要知道，我們的態度可能會把我們引向錯誤的結論。

　　態度是影響人類行為的隱藏性需要和願望，而我們不一定會意識到它的存在。很多研究顯示，人們幾乎對任何事物都抱持某種態度，而且這無關乎他們是否了解此項事物。所以，我們可以假設態度對人類的想法有相當重要的影響。今日許多心理學家都同意，態度可以分為以下四大類，分別是：適應性態度、自我實現態度、知識態度，和自我防衛態度（麥奎爾，1969）。

適應性態度

　　當我們無意識地發展出和我們所認同的人相同的態度時，就是一種適應性態度。我們可以利用心理學家穆沙佛・謝利夫（Muzafer Sheriff）在1937年所做的實驗來加以說明。在這個實驗裡，一群經過分組的受測者被關在黑暗的房間中，他們要從一個金屬盒子中來觀察一個亮點。因為亮點會移動，他們必須去觀察亮點移動的距離。每一組都很快地就此答案達成共識，但每一組的答案差異性也很大。

　　這個實驗有趣的地方在於，亮點其實根本就沒有移動。所以，受測者的答案純粹是人類心理學的直接表現。接下來對各組成員單獨進行的訪談也顯示，他們並沒有意識到其他人對自己的影響。這樣的結論——我們無意識地受到周遭環境的影響——已經由隨後的許多實驗結果來加以證實，而這也和股票交易十分相關。當我們的銀行、營業員和好友都告訴我們股市會上漲時，我們也會形成相同的觀點，但這並不是因為我們的邏輯思考，而是

因為我們無意識地在適應別人的看法。如果市場正處於大幅上漲的走勢當中，每個人都會受到價格上漲和其他人對此所做的反應的影響，進而形成相同的態度。

如果我們遇到不同的觀點時，我們會直接排斥它，否認它，甚至嘲笑提出這些觀點的人。我們經常會犯下所謂的「對比錯誤」，認為不一致觀點的偏離程度遠超過於實際情況，所以，我們很容易把這些人視為笨蛋（如同貝伯森在1929年的例子）。

適應性態度的一個特殊例子，就是客戶很可能會去責怪那些因為特立獨行的作為而導致輸錢的經理人。相反的，如果這些經理人是因為大盤下跌而虧損的話，客戶反而會原諒他們。這種現象促使經理人更容易會順著大盤走勢進行交易。

上天之所以賦予我們這樣的反應模式，可能是為了讓社會更具調整能力（人類是社會的動物），但這種模式的問題不僅在於我們會步入不同型式的集體瘋狂陷阱，有時候也會讓我們受困於不合常理的股市災難中。

自我實現態度

第二種是自我實現態度。大多數人都能認同在股市裡從事交易比玩吃角子老虎還讓人更有「感覺」，而如果這是我們參與股票交易的原因，心理學家就稱之為「自我實現態度」：我們會做一些讓我們覺得自己是個人物的事。

雖然自我實現是屬於個人的事情，生活方式的選擇還是和群體的流行趨勢，也就是適應性態度相關。紐約證交所的研究指出，交易所和營業員在社會中的評價會隨著股價的漲跌而波動，當市場上漲時，營業員很受歡迎，但市場下跌時就沒人理他們了，甚至如果股市崩盤，他們在一般大眾的眼中就如同是販毒分

子一樣。

　　由於這種態度的形成，牛市的最後階段肯定會吞噬所有的小魚，因為此時他們都急於提高自己的社會地位。

知識態度

　　態度的第三種功能就是去處理資訊。周遭環境和市場提供的資訊太多以致我們無法完全消化，所以我們常常必須用簡單的態度來去總結一些我們所了解的事情。我們把所有的資料分為幾組可管理的資料區塊，並用簡單的態度來加以處理：「股市一定會上漲」或是「債券一定會下跌」。如此我們就不用花太大心思去研究那些可能會讓自己內心產生衝突的支持與反對意見。同時，我們還可以將自己的態度和大家所認可的規範與來源結合在一起，藉以強化這些態度。當這種態度形成後，我們會忘記形式這種態度的相關知識，但這種態度的影響強度也會隨著時間而逐漸減弱。

　　心理學家試著測量這個過程，他們對一組受測者進行催眠，讓他們每天寄出一張明信片給自己，在催眠後，這些受測者每天寄出卡片，直到大眾陸續從此催眠狀態中甦醒為止（這種在股票市場中的類似覺醒過程有時被稱為「覺醒點」）。心理學家可以藉此計來測量態度的統計半衰期，經驗顯示這段期間大約會維持6個月，但在其他情況（依態度本質而定）的態度半衰期可能會大幅縮短。

　　這種現象十分重要，在下一章要介紹的某些走勢指標中，可能就是因為這種現象而讓那些指標具有預測價值。

自我防衛態度

　　態度最複雜的功能就是所謂的自我防衛，這是起因於人類極力想在自己所知道和自己所相信的，以及自己所說和所做之間取得一致和諧。假設一位小散戶在典型的多頭市場中買進股票，由於股票交易是一種社會過程，他可能已經告訴自己的朋友、妻子，還有自己的銀行：股價會上漲；而他的態度就是：市場可以提供快速的獲利機會。

　　假如不久後股價開始下跌，他在觀察這種走勢一段時間後，逐漸失去了可以在短期獲利的信心。現在，他的所說所為，和自己相信的事情之間的和諧性已蕩然無存，所以，他一定要改變態度：他的交易目的並非為了短期獲利，而是「長期投資」。接下來會發生的事情是，當媒體首度披露負面消息時，將會進一步引發投資人的言行和他們實際經驗間的衝突，此時他們只能仰賴自己的態度的支持；現在，他會利用「選擇性接觸」和「選擇性認知」的防衛機制。選擇性接觸是一種忍耐機制，比方說，他會開始忽略報紙上的負面報導，只注意那些會支持自己想法的言論。心理學的測驗顯示，積極尋找強化性資訊的做法其實很正常：我們的小散戶會打電話給熟人，藉由和他們分享自己的觀點來進行強化，並藉此找尋安慰。

　　選擇性認知就更複雜了，如果他碰到了和自己行為相抵觸的言論，就會無意識地扭曲這些言論，使得這些言論看起來可以支持自己的錯誤行動，心理學家稱之為「同化錯誤」。可是到了最後，他的損失可能太高，讓老婆十分生氣，因此不得不接受現實。然而就在此刻來臨之前，他的態度會做最後一次改變：現在，他的行為並非為了賺錢，而是為了這場比賽。在結清所有的

可能會扭曲記者和讀者如何處理市場資訊的心理現象

- **適應性態度**。我們發展出和認識的人相同的態度。記者和分析師都有自己所認可的社會群體，就像其他專業人士和廣泛的讀者群一樣。這都可能會產生適應性態度。

- **認知失調**。當證據顯示我們的假設錯誤時，就會產生認知失調的情形。我們試著避開這些資訊，或是扭曲它，也會試著去避免從事一些會強調這種失調的行為。記者和分析師可能會忽略掉一些和市場目前走勢相衝突的資訊。

- **同化錯誤**。我們錯誤地解讀自己所接受到的資訊，以便讓它看起來好像可以支持我們的行為。記者和分析師透過自己以前的市場論述來分析市場，而投資人則是根據自己以前的投資行為。大家都有錯誤解讀市場的理由。

- **選擇性接觸**。我們只接觸那些可以支持自己行為和態度的資訊，分析師和記者的態度也可能會受到他們以前的言論的影響。他們可能會用選擇性接觸來保護自己不去受到不愉快事實的影響。

- **選擇性認知**。我們錯誤解讀資訊，以使它們能夠支持自己的行為和態度。

- **確證偏誤**。我們的結論不當地偏向自己想要相信的方向。那些已經就市場和經濟情勢發表過意見的人想要找到理由來支持這些言論仍然正確──儘管新的資訊已經與其相抵觸。

- **框架效應**。上漲的市場會創造出解釋經濟訊息的架構。這種效果當然發生於在牛市檢視經濟資訊時。

- **社會比較**。我們用其他人的行為做為一些難以解釋事物的資訊來源。這種做法可以很專業：參考比較聰明的人的做法，也可以只是隨意聽聽大多數人仕做些什麼。但在金融市場裡，這種做法必定是種錯誤。

部位,承認自己的虧損後,他會不在乎的表示:這沒什麼——你會贏,當然也會輸囉。

另一種自我防衛的結果其實是金融市場中最重要的心理現象:交易錯誤的合理化。任何積極交易的投資人都知道,人們常常會為了要彌補自己在交易上的失誤,而在他們錯誤賣出的價位上買進(或是在錯誤買進的價位上賣出),目的只是為了讓過去的交易錯誤不像是個錯誤,但這都不是重新評估其基本價值或市場動能。真正的心理面理由是我們發展出一種自我防衛機制,以使自己不必去面對自己所犯的錯誤,於是,我們變成自己無意識自我的受害者。

最後,對於小散戶常常賺了一點錢就退場,卻持續抱著已經虧損的股票,自我防衛態度也要負大部分責任。雖然看起來很不理性,但是小散戶看到獲利匯入自己帳戶時感到很開心,卻對已經發生的損失視若無睹;只要損失還沒有兌現,他就感覺不到損失的存在,所以,不到最後一刻,他絕不輕易賣出。而這也可以解釋為什麼熊市的交易量通常會低於牛市。

第六篇

市場趨勢心理學

我總認為，優秀的投機者應該能夠說明，一個人會如何處理
他的錢——在他尚未採取行動之前。

——投資大師伯納德・巴魯克

15 跟隨趨勢

經驗告訴我，與趨勢對抗極不明智。

——傑西·李佛摩

金融商品的價格波動大部份時候都是橫向波動，而當價格開始往上漲的過程中，則會面臨到不同的壓力區，價格上漲受阻無法突破；當價格下跌時，也會面臨到不同的支撐區。而每天在這兩個區域中間的價格波動多半是難以預測的隨機走勢，很難從中賺取利潤。

不過，市場有時候會突破壓力區，強力上攻（或下跌，其原則都一樣）。當這股趨勢剛開始發展時，投資人將它視為隨機波動，隨時可能出現修正，因此急於在這波未預期到的漲勢中實現獲利了結。不過，隨著新投資人的加入，經過一段短時間的猶豫時期後，市場開始繼續上漲。此時，市場中的氛圍改變，之前急於獲利了結的投資人也感到後悔，希望能夠找到一個合理的買點再次進場，因此，上漲趨勢於焉形成。

一旦趨勢建立後，它所能持續的時間往往超乎任何人的想像。大多數投資人在追隨這波趨勢走了一段之後，都會滿意地獲

利離場，然後不可置信地看著這波走勢持續下去。部分趨勢發展成大型的波動並持續了好幾年，其間僅遭遇到幾次暫時性的干擾。這種情況一生中可能見不到幾次，所以一旦碰上了，就要好好的抓住。而不論這股趨勢可以維持幾年時間，趨勢就是可以賺大錢的機會。本章所討論的趨勢心理學，可說是本書中最重要的部分。

確認未來趨勢

我們如何知道趨勢能否持續下去？讓我們看看以下這個例子：

假設你是投資人，在1986年夏天時，你認為黃金價格（以美元報價）應該會上漲，但卻不知漲勢會從何時開始，因此，你決定先等一會兒，直到第一個清楚的買進訊號出現。夏天交易清淡，每盎司黃金的交易價格始終維持在335~355美元的區間擺盪，直到8月黃金價格開始漸漸攀高，到了8月10日，黃金價格已經突破370美元，隔日，市場上買盤湧現，將價格推升到390美元（見圖15.1）。

所有人都注意到這個變化。評論家們急著找出可能的解釋，包括銀價已經上漲、南非罷工、日本需求、美元下跌或是電腦交易等原因。反正任何事都一定可以在事後找到解釋，突然之間，大家都只看到正面的言論，而看不見負面的（還記得適應性態度吧）。8月12日，許多市場參與者所做的第一件事，就是看黃金現貨報價，不過每個人的心中可是五味雜陳。

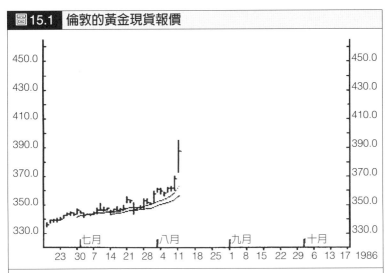

圖15.1　倫敦的黃金現貨報價

本圖為1986年秋季倫敦黃金交易所每日交易區間及收盤價，報價以美元為單位。圖中亦顯示10日及20日收盤價移動平均線。

好、壞與醜陋

　　突然之間，某些部位變成了極佳的部位，那些在金價上漲前買進且繼續持有的投資人可以大賺一筆。若在350美元以10%的保證金買進的人，可以賺進至少1倍以上的獲利！他可真是樂不可支。每隔3個小時他就要重新算算賺了多少，整顆心擺盪在恐懼與貪婪之間。貪婪的想法告訴他：繼續撐下去吧，再賺多一點；但另一個聲音也響起：現在獲利了結的話就一定不會有損失；只要趨勢還在，你還可以再進場呀。他等待且觀望著，如果價格沒有快速漲上去，他寧願先行出場，將手中獲利了結。

　　另一群人的部位就不大好了，那些不在場內的人是因為他早在金價起漲前就賣出，但這並不表示他就不關心金價的表現。很

明顯地他曾犯下一個大錯誤，一開始他相信金價會上漲，但卻不夠有耐心，賣出去之後，金價反而上漲了。這真是個不好的感覺，更糟糕的是，他現在對黃金的執著更甚於以往。

不過，如果他現在以比當初賣掉時還高的價格再度進場，他一定不願意大肆張揚。試想，他的營業員會怎麼想呢（自我防衛的態度）？他唯一能做的事就是：希望價格能夠稍稍下來一點，使得他可以在保持自尊的情況下再度加入戰局。

最後一群人的情況就比較醜陋了，那些選擇放空的可憐傢伙們。此時他會感到害怕、訝異、以及深刻的沮喪。他怕損失金額還會往上增加，屆時，營業員會對他發出催繳保證金的通知。他只知道損失慘重，但一點也不想去計算已經賠了多少（選擇性接觸）；或者他已經頭昏眼花，只想以最少的損失回補就算了；也可能他很冷血，此刻他仍在留心可以反敗為勝的機會點，打算買進兩倍當初放空的兩倍部位，希望能彌補部分的損失。

時間選擇的遊戲

在8月12日的早晨，這些市場參與者都在看著金價如何發展，擁有好部位的人開始考慮要不要賣出，而部位不好、極差的人則在思考要在何時回補。他們的決定基本上都一樣，都在於時間點的問題。對於我們而言，就像凱因斯一樣，我們把股市看成選美一般。我們等待其他人的反應，保持頭腦冷靜，耐心地等待幾天後再出手。我們會想：「可能有點超買了。」

因為大多數人都保持觀望，所以在8月12日以及隨後的幾天，市場上並沒有什麼特殊的變化。大家都屏息以待，誰會是第一個出手的人？我們不必是佛洛伊德就知道，做出舒服的決定比

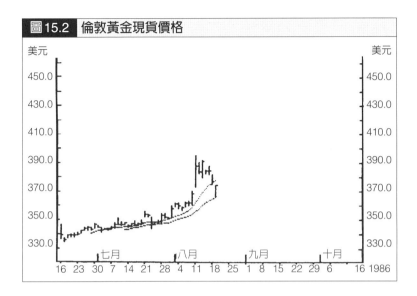

圖15.2 倫敦黃金現貨價格

做令人難受的決定容易多了（又是自我防衛態度）。所以，那些持有好部位的人會最先動作。一開始只有少部分賣壓，然後吸引更多賣盤加入，幾天之後，圖形就變成了圖15.2的樣子。

因為交易量並不大，所以所有的人，包括投資人和市場評論者，都認為這不過是獲利了結的賣壓。但其實這些賣壓是來自那些可憐的自我防衛者，因為不耐久候而在起漲前的震盪區賣出，然而這個價格可是很多投資人希望在起漲前一天買進的價位。現在機會來了，人們就在震盪區頭部的價格大量買進，使得股價不再下挫（震盪區是指價格長期間盤整，但股票仍不斷地換手；每次盤整期結束，應該都會吸引一些新的投資人加入）。

「我們」注意到這場選美比賽已經達到了應有的效果，而先前市場的確是有點超買的現象。隔天早上，我們以380美元的價格買進。不過，雖然我們再度進場，但緊張程度卻不若以前。相反的，因為時點很好，我們不再擔心是否錯過了一段趨勢的開

始，所以我們現在冷靜多了。大家都認為黃金即將展開一段牛市的走勢，而還沒進場的人會感到恐慌並急忙買進。一個月之後，走勢圖如圖15.3所示。

「我們」現在試著找出一個洗牌換手的區間通道，亦即，圖中所示的兩條平行趨勢線。幾天後，金價漲了30元，我們真想實現獲利，尤其是價格正在這個通道的上緣，最後，我們以415元的價格賣出。

在8月12日，可能已經有許多人在研究金價，如今經過這一波強勁上漲，每個人都在研究黃金。黃金成為閒話家常的最佳題材，只要黃金漲勢略顯疲態，就有一堆人急著搶進。不在金融市場的局外人可能覺得這種行為好笑至極，但如果他們是專業投資者，他們就會開始擔心老闆的訓示：「金價持續上漲，你卻什麼也沒做，你是坐著睡著了還是怎麼啦！」

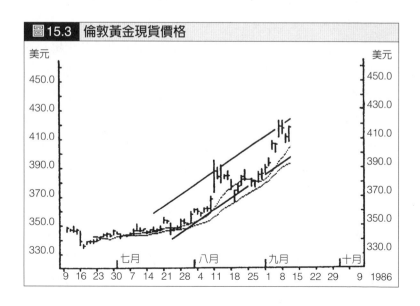

圖15.3 倫敦黃金現貨價格

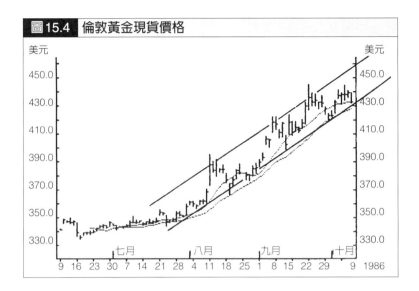

圖15.4 倫敦黃金現貨價格

許多人已經準備要進場了，可是金價的回檔幅度實在太小，因為不只新的投資人想要加入，許多才實現獲利的人也想再次進場賺一筆，雖然沒有人想去了解這到底是什麼趨勢，但在10月9日，每個人都可以清楚看出，金價展現出一個完美的上漲趨勢（圖15.4）。

事情至此發展的十分順利，沒什麼好擔心的。或許該繼續買進？錯，請大家看一下11月26日的圖形（圖15.5）。

美妙的多頭向上趨勢就此打住，大部分人又開始虧損，市場的心理到底是怎麼了？

期待落空與三重打擊

讓我們再仔細看看上面的圖形。直到10月8日，市場上有好幾波快速的上漲，然後被橫向的盤整區間所打斷，在這個區間

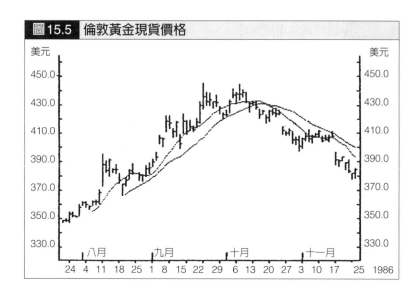

圖15.5 倫敦黃金現貨價格

裡，先前的買家獲利了結，新買家則趁機進場承接。至於全程參與上漲趨勢的賣方則會發現到，市場每次上漲到新的高點，他們就應該更堅持弓中的部位。其後的小幅回檔都是再度進場的好機會，而每波漲勢都會吸引更多人願意以當下的價格買進。

　　一開始就參與的買方則隨著每次小幅上漲而不斷延後其何時應脫手的決定，因為他們仍未看出趨勢出現走弱的跡象。市場上明顯有供給不足，每一筆供給都是來自於獲利了結的賣單，旋即就落在新的買家手上，這是來自於同一批投資人的新需求。

　　在10月初的時候，市場無力繼續上攻，在前面兩個震盪區間進場的投資人如今都面臨損失。當發生這種情況時，市場氛圍馬上改變，投資人起先會感到訝異，隨之而來的是緊張與不確定的感覺。至於那些在最後震盪區才進場的新手更是感到三重的衝擊。首先，市場在他們尚未進場時就已經狂漲，等到他們開始進場後，大盤卻無力再創新高，現在，他們反而變成虧損，真是好

後見之明謬誤與下跌買進

「後見之明謬誤」也可稱為「馬後砲」、「早就知道效果」或是「延遲決定論」，這些因素都會嚴重影響我們的判斷。只要聽到一些可能發生的事件真的發生了，我們馬上就改變先前的想法，我們會以為，我們早就知道事情會如此，即使原先我們毫無頭緒。後見之明謬誤的研究有以下兩種常見範例：記憶設計與假設設計。記憶設計是指我們可以記住自己實際的想法，而假設設計則是我們對於未來的臆測。

這種認為已發生的事情都可以事先預測到的想法，會讓我們常常處於為什麼不早這麼做的悔恨當中，並使得我們想做正確決定的慾望更加強烈，所以，一旦價格回檔到讓我們後悔當初為何沒買進的價位時，我們多半就會趕快下手買進了。

一個帽子戲法啊……！

至於那些比較幸運的，也就是一直尚未賣出的投資人，如今也開始感到害怕，他們首度承認那些原先以為可以收復的失土已經一去不返；利潤就在眼前消失，這可真是個不愉快的經驗。而至對於那些不論基於什麼因素都需要買進黃金的買方，只要他們覺得金價仍會緩步下跌，他們就會延後進場的時間點。

反轉前的最後遲疑

市場稍微喘息了一段時間，直到某些人做出新的決定，他們就是受到三重打擊的新投資人，想當然爾，他們決定要出場了，所以大量賣出。如果查爾斯·道那時也在市場中，他早就已經離場了，因為他會注意到下面兩件事情：第一，市場不會再創下新高，其次（當價格跌破前波底部的423美元時），市場毫無疑問

錯誤輿論效果

我們通常會高估了與我們態度與想法相同者的人數，這種偏誤就稱為「錯誤輿論效果」。例如，支持死刑的美國人多會認為同樣支持死刑的人好像比反對者多；而大多數的青少年吸煙者也認為在他們的學校裡，抽煙的同儕比不抽煙的人多。

這種偏誤的結果會使得我們對自己的決定比自己應該做的事還感到安全。它會讓我們在應該旁觀時反而身陷其中。

的會再創新低。他應該會舉起手指說道：

> 只要價格不會跌破先前的震盪區間，趨勢就不會改變。
>
> 　所以，只要持續出現更高的頭部與底部，上升趨勢就不會改變。
>
> 　同理，只要仍會出現更低的頭部與底部，下跌走勢就不會改變。

這些正是趨勢的最重要特徵。只要看到連續上升的頭部和底部被突破，市場氣氛馬上變得不同。在上升趨勢時，我們會特別注意持續上升的底部（通常是先前的頭部），而在下跌走勢時，就要特別觀察持續下降的頭部（通常是前波的底部）。

支撐與壓力

現在我們來看看道氏的第三個觀點，也就是「支撐」與「壓力」。當上升走勢停止時，道氏認為它已經遇到壓力：也就是市場已經到達一個讓主力想要賣出的水準（請參考圖15.6）。若下跌走勢止住，就表示它已得到支撐。當上升走勢中的舊頭部成為

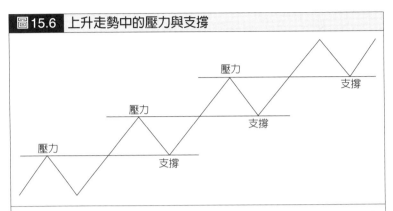

圖15.6　上升走勢中的壓力與支撐

壓力

壓力

支撐

壓力

壓力

支撐

支撐

當市場處於多頭走勢時，價格曲線的前波高點通常會成為後來的底部。主要原因是自我防衛態度與後悔理論。

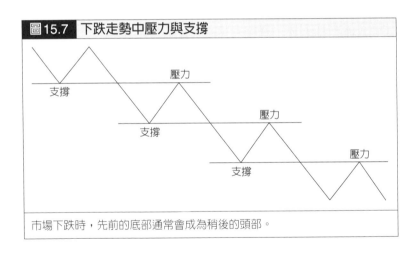

圖15.7　下跌走勢中壓力與支撐

支撐

壓力

支撐

壓力

支撐

壓力

市場下跌時，先前的底部通常會成為稍後的頭部。

新的底部時，就表示之前的壓力已經變成支撐。

　　同樣的，在下跌趨勢中，支撐會變成壓力（圖15.7）。

　　許多人錯認了這種走勢，以為上升走勢中的最後一個底部會提供最穩定的支撐。實際上，最後的頭部才重要，在下跌走勢中

後悔理論與階梯走勢

後悔理論假設我們會試著避免承認自己犯了錯。如果我們等待市場修正，回到我們認為自己犯錯的那個水準，就可以重新採取我們認為正確的行動，改變自己的錯誤而不用承擔悔恨之痛。

則是以最後的底部最為重要。

若要評估支撐區與壓力區有沒有效果，通常必須要考慮以下兩個因素。首先，走勢已盤整了多久。價格停留在同一水準的時間越久，記住這個價位的人也越多。第二個因素就是交易量：震盪區間若出現高交易量會強化這個區間的力量，因為這表示許多新投資人在這個價位介入。很多圖形沒有提供成交量的資料（例如在外匯市場交易，沒有人知道成交量究竟有多少），但期貨市場則有交易量的資料。

最好的趨勢是不會回頭去測試過去的震盪區間，而且這些震盪區間只有短短的時期間隔。而這種規律的走勢就稱為階梯形走勢，如同圖15.8中美元／西德馬克現貨匯率自1986年6月21日到8月26日間的走勢。

在這種趨勢中，技術派人士應該都不會出場，因為舊的頭部和震盪區都尚未被突破，或被嚴格地測試過。道氏認為：「除非新趨勢已經被確認，否則目前的趨勢仍然成立。」我們可以將此視為金融市場中的牛頓第一定律。

除了前面提到一些評估趨勢是否仍成立的方法，還有幾種有用的輔助工具可以利用，重點是我們要能持續注意潛藏其中的心理現象。第一個要介紹的工具就是「移動平均」。

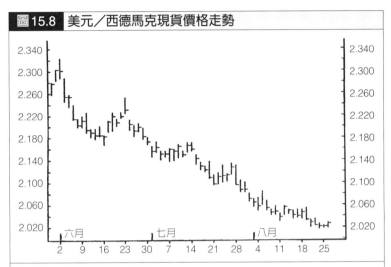

圖15.8 美元／西德馬克現貨價格走勢

自1986年夏天開始的典型階梯型下跌走勢，每當價格試圖突破之前的底部時，賣壓就蜂擁而至，就像是營業員走下樓梯回到銀行的樣子。

移動平均

　　移動平均可說是從事趨勢分析時最常被使用（或說濫用）的輔助工具。我們首先從它的定義開始。大家都知道平均是什麼意思：就是將一組數字加總起來，再除以它的總數。不過加上了「移動」這兩個字，其計算結果就會隨著每個新數字的加入而有所不同。20天交易價格的移動平均一定每日都不相同，因為這是根據最近20天的價格來計算。這種方法很簡單，但也有點無聊。

　　讓我們再回到1986年道瓊工業指數的走勢圖，由圖15.9可以看到「黑色星期一」與「黑色星期四」，圖中亦標示了最常使用的90日及200日移動平均線。雖然市場波動起伏，但這些移動平均線的變化相對穩定，並未受到短期波動的影響。

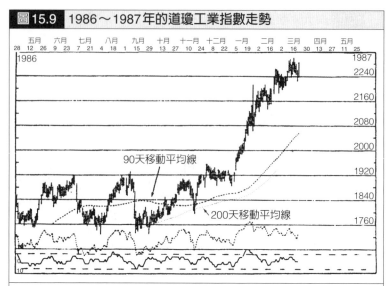

圖15.9 1986～1987年的道瓊工業指數走勢

90天移動平均線

200天移動平均線

這個圖與圖6.1相同。注意在1986年時有兩次大幅下跌並未反映在移動平均線上。這表示多頭市場心理並未受到市場暫時波動的影響。
（資料來源：劍橋投資研究）

　　技術分析人士看到這種圖形，就會用移動平均線來解釋走勢的可能變化。只要他沒有看到具體的走弱訊號，就會繼續抱住長期部位。所以，從表面上看起來，移動平均代表的是排除短期波動後的市場供給與需求。但要學會如何解釋移動平均的意義仍需要一些訓練。移動平均的最常用法就是選取某一個天期的移動平均線，當價格突破平均線就加以買進，跌破時則予以賣出。不過，大家最好是忘了這個做法，因為它根本就沒有用。

　　利用移動平均的最好方法就是同時考量兩條，或是三條移動平均線。假設在趨勢不明顯的市場中，我們分別畫出三種移動平均線。價格會不斷地在平均線的上下穿梭，而較短天期的移動平均線（如3日）也會在較長天期的平均線上下穿梭。

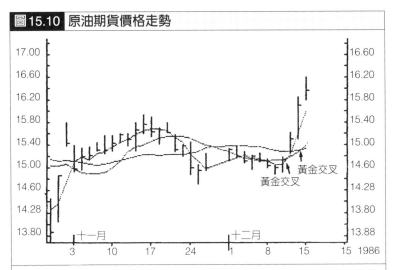

圖15.10　原油期貨價格走勢

黃金交叉

黃金交叉

十一月

十二月

3　10　17　24　1　8　15　15　1986

本圖為美國紐約商品交易所的每日原油期貨價格區間及收盤價。在最後階段（1986年11月至12月）價格向上突破，而且多頭走勢可由3日、10日及20日移動平均線的發展加以確認（圖中所標示的「黃金交叉」將在內文中加以解釋）。

　　另外，也有一些移動平均線會在其他平均線向下反轉時反而往上反轉。例如圖15.10的油價走勢圖，其3日、10日及20日的移動平均線的變化就是一個很好的例子。在這圖形的最後一天，價格突破了所有的平均值，站在3日、10日及20日的移動平均線之上，而這3條移動平均線都呈上揚的趨勢。我們將此視為買進的訊號（我們現在先不管道氏觀點），因為：

　　如果市場處於強勁的上漲走勢中，所有的平均線都會落於市場價格之下，其中，最長天期的移動平均處於最下方，而且這些平均線都往上揚。如果是在下跌趨勢中，情況則剛好相反。

當平均線彼此相互交叉時，若斜率與走勢方向一致，本身就形成一個買進或賣出的訊號。如果每條平均線的斜率方向不同，那平均線的突破就沒有意義了，亦即這個價格走勢並不可信：

- 當上升中的短天期平均線向上穿越了上升中的長天期平均線，就是黃金交叉，是買進的訊號。
- 當下降中的短天期平均線向下穿越了下降中的長天期平均線時，則是死亡交叉，是賣出的訊號（英國的技術分析人士布萊恩‧馬柏〔Brian Marber〕發現此現象並加以命名）。
- 上升中的平均線與下降中的平均線相互交叉沒有任何意義。

我們再針對上述三點作進一步的解釋。以圖15.9的道瓊工業指數走勢圖為例，在沒有任何預先的走弱訊號下，股價在「黑色星期一」和「黑色星期四」這兩天突然大幅下跌，並不會對移動平均線造成太大的影響。相反的，如果在趨勢已經顯現出長時期的走弱訊號後，價格才開始下跌，那麼移動平均線會在價格大跌之前就轉為向下，並形成死亡交叉。例如，華爾街股市在1929年大崩盤之前即曾出現走弱訊號，但1987年那一次則沒有。

知識態度及時間的重要性

差別就在於時間。要改變主要趨勢的心理需要時間，如果沒有黃金交叉或死亡交叉的現象，只能說是情勢改變得太突然，因而造成短線上的暫時影響。

原因在於我們的知識態度。當價格變動的時候，移動平均線的變化通常需要一點時間才會跟上，這個時間上的落後其實反應了投資人心理的調整——投資人需要時間接受新的價格。如同在催眠心理學的明信片實驗中，這代表了心理反應的平均時間。

代表性與趨勢

代表性是用來表示一般性錯誤的心理學用語。所謂一般性錯誤是指我們會利用和其他類似事情的相似性，或是已經發生的事件，來預估某件事物為真，或是它會發生的機率。常見的例子就是陪審團員會只因為被告「看起來像人犯」，而推測被告實際犯罪的機率很高。不過，代表性現象也會發生在金融市場中，有時候我們會僅僅因為現在走勢仍持續向某個方向發展，就認為這個趨勢會持續發展下去。

有一個特殊的原因可以解釋上述現象，如果黃金交叉或死亡交叉是在移動平均線長期重疊後才出現，這就代表了十分強勁的訊號：

如果移動平均線在長期間的重疊後才出現了黃金交叉或
死亡交叉，會更加強化其訊號。

原因在於，不論是長期或短期的投資人都感受到相同的市場氣氛。這個法則和道氏的觀察十分相似，道氏發現狹窄價格區間的突破即代表一種重要的趨勢訊號。讓我們再拿金價走勢做為例子。圖15.11為較長時間的黃金價格走勢，使用20日及50日的移動平均線。這兩條移動平均線自2月起就互相交疊，一直到7月為止，其後發出的買進訊號後來被證明十分有效。而當10月出現反方向的變化時，並未出現死亡交叉的情形，後來走勢也證明這只是暫時的現象（不久後金價就爬升到500美元，如圖15.11）。

在很多主要趨勢中會看到一種特殊的反應，那就是在市場出現次要修正階段時，短天期的移動平均線會暫時回測，觸及長天期移動平均線，但是並沒有突破。如果兩條移動平均線的斜率和走勢方向一致，那等於是一個新的黃金交叉或死亡交叉，且強烈

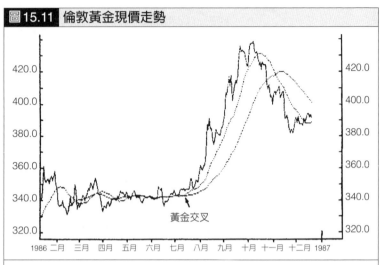

圖 15.11 倫敦黃金現價走勢

本圖為黃金現貨價格（以美元計價）在 1986 年的走勢。當市場於 7 月展開多頭走勢時，可以由黃金交叉現象來加以確認。但稍後在 10 月及 11 月的下跌並沒有出現死亡交叉現象，後來也證明這是只暫時性的回檔。

確認了走勢的持續性。

希望與恐懼

最後一條與移動平均有關的法則，和價格與移動平均線間的距離有關。這條法則就是：

當市場加速偏離移動平均線，表示將有反作用力，使價格和移動平均線再度會合。

假設某個市場已大幅下跌數日或數周，投資人對此走勢感到十分訝異，不過很多人並不會在此時出場，因為他們每一天都以為市場已經來到了這波下跌走勢的底部。這些投資人其實已經決

定要賣出了，不過他們在等待一波反彈，以降低部分的損失。

如果後來走勢果真上升，自然而然地會引發很多來自這些緊張的投資人的賣壓。先前的跌幅越深，下跌的時間越久，不僅其衝擊越大，而且會讓投資人有更越強的傾向在出現小幅反彈時就賣出。

這種行為模式會反映在移動平均線的圖形上。先前的下跌幅度越深，移動平均就會下滑的越快，並且越接近當日價格，而如果價格上升一點，即會觸及平均線。即使價格並沒有上升，只是持穩一段時間，最後還是會被平均線趕上。一旦出現這種情況，可視為所有希望均已破滅，賣壓將會再度出現。實際上，這是一種關於平均計算基準的假設性選擇，通常是市場氣氛的有效指標。至於是用20日或50日的移動平均線也會有差別。

上述例子是以下跌市場為例，但在上升市場中的解釋原則也相同。

自我強化的效果？

現在有許多專業投資人利用移動平均線作為投資的分析工具，所以我們可以預期到它也具有一些自我強化的效果。很多人使用10日或20日移動平均線來分析指數期貨市場，所以，這些市場很容易發生如圖15.12的情形。

自我強化的觀念其實和研究國際指數的20日平均線有關。一開始的時候，大家都認為這是因為全球技術分析人士的共謀，市場才會反覆測試20日平均線，不過，若把移動平均線開始流行以前的市場走勢都加上平均線的資料，我們可以發現這種現象一再反覆出現，圖15.13即顯示出這種現象。

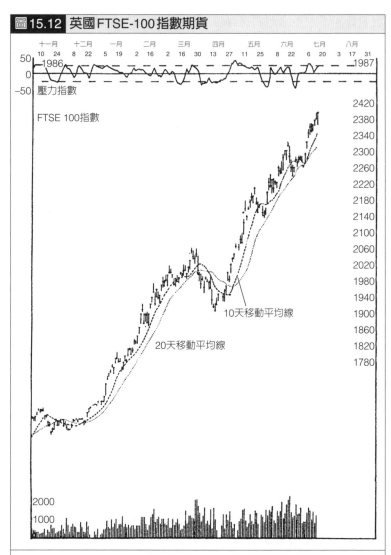

圖15.12 英國FTSE-100指數期貨

本圖顯示上升市場常常會隨著特定的移動平均線前進。如果價格在某日收在這些移動平均線之下（例如1986年3月），則價格還會再下滑一陣子，才會繼續原來的趨勢。本圖下方顯示每日成交量，可看出成交量在4月股價下挫時也大幅減少（這是一個多頭訊號）。（圖形提供：劍橋投資研究）

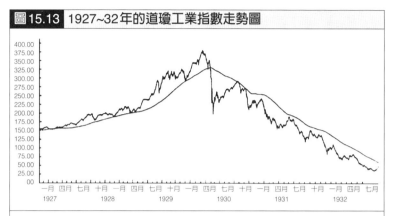

圖 15.13　1927~32年的道瓊工業指數走勢圖

直到1929年崩盤時，美國股市的多頭走勢一直受到200日移動平均線的帶動。當價格跌破此一平均線時，將會維持在此平均線之下，直到空頭走勢在3年後結束為止。這種現象無法用自我強化效果來加以解釋，因為當時很少人知道可以使用移動平均線做為技術分析的指標。

　　所以，自我強化效果可能是事實的一部分，但卻非全部。最重要的理由還是和投資人的投資期間，以及他們的知識態度有關。

計算基礎

　　所有計算移動平均的法則都會選擇一個計算基礎，通常可作為市場氣氛的有效指標。最常用的天期如下：

	計算基礎天期
期貨合約	3, 10, 20, 50, 200天
外匯現貨	10, 20, 50, 200天
股票市場	20, 50, 200天
貨幣市場利率	20, 50天

奇幻思考與技術分析

　　史金納曾進行幾項實驗，發現稱為「奇幻思考」（magical thinking）的現象。在實驗中，他每隔15秒鐘固定餵食鴿子一次，完全不管這些鴿子在做什麼。結果發現，這項動作會改變鴿子的行為，每隻鴿子會表現出反覆的行為模式，例如走來走去，向某方向抬頭等。這表示鴿子認為，只要做這些動作，就可以帶來食物。

　　因此，某些沒有邏輯可解釋的技術分析，其實只是投資人不斷重複相同的儀式，因為這些方法曾經讓他們獲利。

　　本表或許會引發些許疑慮。有人可能會問：「為什麼都是偶數天期呢？」「不同天期平均線的組合是否有效？」關於第一個問題，答案是人們一開始就選擇偶數天期，雖然沒有理由可以證明這是最好的選擇，但是自我實現效果已經讓市場行為適應這種工具。

　　我們要記住，技術分析人士是直到二次戰後才開始使用移動平均線這項工具。在沒有電腦輔助的情況下，一定是得到部分證據的支持，才會讓他們採用像10日、20日、50日或200日這樣的偶數天期來計算移動平均。但隨著電腦開始普及，這些平均線的自我實現效果也更加增強。

趨勢線、通道和卡位戰

　　另一種分析工具就是所謂的「趨勢線」（圖15.14）。趨勢線是上升趨勢中的底部或是下跌趨勢中的頭部連接而成的直線，但非水平線。若連接頭部的趨勢線和連接底部的平行線彼此平行，就形成了一條「通道」。

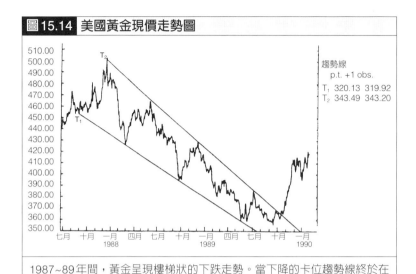

圖15.14 | 美國黃金現價走勢圖

趨勢線
p.t. +1 obs.
T₁ 320.13 319.92
T₂ 343.49 343.20

1987~89年間，黃金呈現樓梯狀的下跌走勢。當下降的卡位趨勢線終於在1989年11月被突破時，價格隨即奮力上漲。

　　趨勢線和通道就像是搶位子遊戲（musical chairs）的卡位戰，沒有什麼符合邏輯的解釋，但很快我們就會發現，每個人都忙著在他們的圖形上畫這些線。由於圖形分析十分普遍，我們關於市場的第四點法則自然也相當重要：趨勢線和通道會自我強化。技術分析人士的趨勢線法則是：

　　如果趨勢線被突破，就要趕快出場。

　　這項法則並非放諸四海而皆準，但可適用不少市場，而且因為直線很難改變，所以更強化趨勢線的作用力。如果每個人都著迷於在自己的圖形中畫上趨勢線，他們其實會畫出一樣的線條。

　　通道就和趨勢線一樣有趣，但兩者的前提都是直線必須和最多的市價點相連接。所以：

> 趨勢線和通道是目前所見最能自我強化的訊號，它們和
> 價格間的連結點越多，其重要性也隨之增加。

而且：

> 趨勢線愈陡峭，或是通道愈陡愈窄的話，走勢的基本持
> 續性也愈強。趨勢線愈陡峭，一旦其被突破後，所發出
> 的危險訊號也越微弱。

　　假設趨勢線和價格只有兩個相接點，這個遊戲是否會開始就很值得懷疑；同樣的，僅由三個連接點（1+2）所構成的通道，也可能無法反應真實的市場情勢。如果連接點更多的話，訊號的強度將會增強，直到它自我毀滅為止。圖15.15及15.16為瑞士法郎對西德馬克匯率的趨勢線範例。

　　所有的範例都顯示趨勢線是從走勢的最高點或是最低點開始畫的。但在許多情況下，要從與其相鄰的最高點或最低點開始才是比較好的做法，否則，趨勢線可能會變成水平線，例如雙重頂（或底）的圖形的例子。

　　如前所述，如果不是因為大家都運用趨勢線來分析相同圖形且得到自我強化的效果，趨勢線或是通道並不具有任何意義。可是如果要用趨勢線來分析人工計算得出的指標，如變化率指標（本書稍後會介紹），那就像選了一首錯誤的音樂來跳舞一樣。

成交量的確認

　　第四個趨勢指標是成交量。關於成交量的最著名法則，就是道氏所說的「趨勢必由成交量來確認」。如果走勢上揚，上漲時

圖15.15 西德馬克／瑞士法郎匯率

匯率

本圖顯示此市場多年以來都在由兩條趨勢線所構成的通道間波動。當上方趨勢線在1989年春季被突破後，不出幾個月，匯價就上漲到91.69。

的成交量必定高於下跌時的成交量。這可以從圖形中的成交量直條圖來看。這項法則的原理十分簡單，在上漲時成交量隨之增加，是因為投資人多傾向於很快的獲利回吐（自我防衛態度），但他們也會很快地對此做法感到後悔，因而再度進場買進。上漲時的高成交量，確保在當前價格之下有持續性的需求存在。

　　有時候這個法則可以用「成交量淨額法」（on balance volume）來加以說明。這個方法是由喬瑟夫・葛蘭碧提出，做法是配合價格圖形，繪製出當價格上漲時成交量為正，價格下跌時則成交量為負的累積成交量圖形，這可以讓我們一目了然地看出成交量確認趨勢的情況。至於在短線操作上成交量也是一項很重要的資

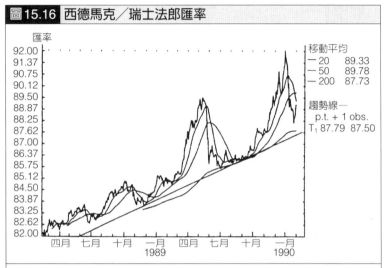

圖 15.16 西德馬克／瑞士法郎匯率

本圖顯示西德馬克兌瑞士法郎匯率走勢於1989年春季被突破後所發生的變化。配合趨勢線、動能指標再加上移動平均線的運用，要分析這個市場的進出時點變得非常容易。

料，我們必須知道下列三項原則。

首先，如果今日市場開盤價和昨日收盤價不同，且伴隨著較高的成交量，今天盤中通常會出現向昨日的收盤價修正的走勢。理由是早上的高成交量通常是由昨天晚間所發生的新聞事件所造成，進而充分反應在價格上。

第二點是關於短期交易區間的原則，這可能會讓許多人感到訝異。當走勢在某個價格區間波動時，成交量幾乎都集中在該區間的壓力與支撐價位，當價格位在區間之內時，成交量則會顯得很清淡。這項原則是，價格突破通常會出現在成交量較弱的那一邊。實際上，這只是重複前面所提到的：成交量越高，支撐或壓力也越強的現象。

　　第三個成交量法則是最難在實務上運用。通常當盤整區間被突破時，我們可以預期到成交量會隨著大幅增加，這是一個再強化的訊號，但僅在突破現象後才發生。如果當天線形的支撐或壓力幾經測試，且成交量也很高的話，就表示突破的可能性大減。同理，交投清淡市場中的突破，如接近國定假日時所發生的突破，通常就是最有力的訊號。技術分析論者的最佳交易機會，通常出現在聖誕節到新年之間的這幾天。

較小的圖形型態

　　市場會參考好幾種技術圖形的型態，這種現象十分重要，因為它們時常反覆出現，也是想要了解股市情況的人們彼此私語的話題。某些線形（如旗形、三角旗形及缺口）在具有趨勢性的市場中特別常見。

旗形及三角旗形：獲利了結

　　沒有比退出正在強勢上漲中的市場更讓人感到悲慘的事了，而且退出市場的原因常常僅是因為市場動能暫停了幾天。但這的確是很多人常常會做的事。

　　讓我們先假設市場正處在強勁，且幾乎是垂直上漲的走勢中，這波走勢的起因是一開始幾乎不存在任何賣方的力量，或者可以說是買方的力道過強，而這可能是受到強勁的正回饋循環的影響。因為太快賺到錢了，很多人會先獲利了結，因此，在第一波的強勁漲勢後可能會出現暫時性的賣壓，使得漲勢突然停住，很多人決定先實現獲利。以心理學的觀點而言，這是一種須要儘快鞏固的適應性態度，如此才能趕上價格的實際變化。

　　一段時間過去後，價格並未發生顯著的變化，最後，沒有人想要出場。在此同時，許多人的心理已經調適到可以適應新的價位。在短期的獲利了結賣壓消化完畢後，正回饋循環再度現身，市場再度猛力上揚。

　　上升市場中的旗形是指下降的平行四邊形，這個名稱起因於它很像一面迎風飄揚的旗幟。圖15.17的美元／西德馬克匯率走勢圖即顯示出三種典型的旗形；第一種是在上升市場，第二種是在下跌市場，第三種又是在上升市場。旗形的另一種變形為三角旗形，兩者的差異在於三角旗形的線形在右端形成一個尖角。無論是旗形或三角旗形，都可以看出隨著旗形型態的發展。成交量會持續萎縮，否則的話，就會形成一個小頭部。

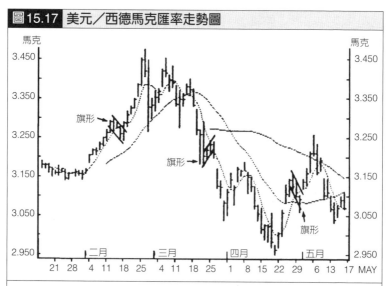

圖15.17　美元／西德馬克匯率走勢圖

本圖顯示美元在1985年大幅走低之前，先形成一個令人注意的頭部。同時我們也看到，在這段期間出現了三個典型的旗形。本圖上的移動平均線分別為2日、20日及50日。

缺口：缺乏買方或賣方

缺口意指價格跳過某段沒有任何成交量的區間，例如：某日的價格並未與前日的價格重疊，即表示價格之間存在一個缺口。為什麼缺口具有指標意義呢？因為它表示買方或賣方在此價位區間內絕對真空。如果在上漲走勢中出現缺口，表示在這段價位缺口內沒有任何賣方，意味意上漲走勢仍可全速前進。利用圖形來分辨買賣雙方力量的這個原則，其實就和傑西・李佛摩早年在投機經紀商的交易做法如出一轍。李佛摩認為自己在尋找一個壓力最小的價位，缺口對他而言，當然是一個完全沒有壓力的區間，所以當然是一個強烈的心理訊號。

奇怪的是，很多人說「缺口會被回補」，並以此做為理由逃離經缺口所確認的走勢。市場上充滿許多虛構的事情，而缺口會被回補的說法，其實就是大家對法則和例外情況的錯誤認知。大部分的缺口只會在某一天內發生，所以只能在分時圖上才看得出來。但這並不減損缺口的重要性。缺口大致上可以分成以下四種：

- 一般區域缺口
- 突破缺口
- 連續缺口
- 竭盡缺口

一般區域缺口（common area gap）會出現在震盪區間，例如：三角形或箱形區間。這是一種十分正常的情況，因為在出現這種線形時，很多成交量都出現在頭部和底部，而非中間價位。為什麼呢？因為人們根據圖形來交易，很少人會在兩個強力的圖

形點之間看到其他適合的買賣價位。如果缺口在一天之內形成，這個缺口就指出了突破的可能方向，因為它顯示了投資人對相反方向的走勢毫無興趣。

突破缺口（breakaway gap）則發生在震盪區間被突破時，此時完全沒有來自於反方向的壓力。缺口確認了該次突破的真實性，而且，如果沒有出現缺口的話，我們可能要擔心該次突破可能是假突跛。由圖15.18的美國國庫券走勢圖中，即可以看到典型的空頭突破缺口，向下跌破震盪區間。

在突破後，價格會持續波動，如果大家仍興致高昂的話，常常還會出一個或是一連串的缺口，這就稱為連續缺口（continuation gap），表示價格的波動會如同其剛開始時一樣的持續下去。

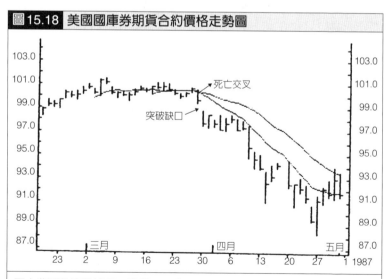

圖15.18 美國國庫券期貨合約價格走勢圖

圖中典型的突破缺口，確認了國庫券價格在3月底突然下挫的跌勢。此跌勢也由10天、20天移動均線所構成的死亡交叉再次獲得確認。

如果出現好幾個缺口，那麼在預測上也會變得比較複雜。如果我們把一塊口香糖向兩邊拉時，中間的部分應該最薄。缺口表示壓力最少，如果有好幾個缺口，我們應該仔細找出壓力最小的區域，並推論這是走勢的中間點，再接著推測走勢可維持多久。雖然這種方法並不是很科學，但結果證明它很有用。我們要記住，這個解釋並非以心理學或行為學為基礎，而純粹是統計分配與機率的結果。

另一種麻煩的情況是，有些缺口看起來像連續性缺口，但其實卻是竭盡缺口（exhaustion gap）。竭盡缺口會發生在走勢即將結束之前。這種缺口並不少見，常出現在以下情況時：

- 根據其他指標的推斷，走勢可能很快就要結束；
- 在前一波大漲走勢後加速上揚；
- 缺口出現的隔日，成交量大幅滑落；
- 缺口很快就被回補（法則的例外）。

在趨勢中出現的第一個缺口，幾乎不可能是竭盡缺口。此外，竭盡缺口在牛市中比較常見，因為在傳統上，頭部附近會出現比較多歇斯底里的活動，停損也比較少。但要記住，在勢趨中或突破中的缺口，表示趨勢會持續下去，除非它們是長期趨勢後所出現的竭盡缺口，情況就有所不同。在後面的情況中，一定有時間找到其他顯示趨勢衰竭的訊號。

16 | 和諧與共鳴

> 卡片搭建出來的房子，不管堆疊的方法如何，這些卡片
> 必然會一起站立或倒下。
>
> ——哈利·舒茲（Harry D. Schultz）

1901年，查爾斯·道在《華爾街日報》發表一篇有關市場如何對個別股票上漲做出反應的文章，其中一段寫道：

市場反應是具有豐富經驗的市場作手常用來操控市場的方法。其背後的邏輯：市場或多或少是被操控的。主力作手為了推升市場上漲，不會買進盤面上的所有股票，而是透過合法或人為操縱的方式，推升兩、三檔指標股的股價，然後再觀察其他股票的反應。如果市場氣氛傾向多頭走勢，且人們傾向抱住手中的股票，那些察覺到這兩、三檔股票漲起來的投資者，就會願意立刻買進其他股票，整個市場因此會被哄抬到更高的水準，這就是大眾反應；也意謂著指標股會被拉抬至更高的價位，整個市場也會隨著上漲。

猶如道氏在本世紀初所說的，個別股票的價格波動必須得到許多其他股票的確認，唯有如此，其趨勢才具有可信度。這種現象有時候被稱為市場廣度（market breadth）。道氏也歸納出以下這條規則：工業股的上漲，如果沒有得到運輸股的支持，這種上漲通常經不起考驗。原因如下：

> 假如工業股上漲，一定是因為預期產業高度成長的結果。但製造出來的產品本身並不會自己移動，因此運輸業也一定會成長，所以運輸股勢必也會上漲。假如這個情況並未發生，那一定是有些地方出了問題。

換句話說，如果市場沒有被彼此確認，那當前的價格波動就只是由非理性和投機所造成，而不是反應未來的經濟發展趨勢。

和諧與共鳴的觀念在隨後的眾多領域中更進一步的探討。我們現在先從不同的市場分別討論。

股票市場

許多股市分析師建議買進某檔特定股票時，常常會把它和市場上其他不同的股票做價格上的比較。問題是，如果市場行情開始下跌，那麼不論價格是高或低，所有股票也都會向下修正。而當市場發生恐慌的時候，人們會出脫手中賣得掉的股票來換取現金，以彌補那些無法出脫被套牢的股票。

各種股票間會彼此影響，因此，只關心自己有興趣的股票是不夠的。我們必須以更廣泛的角度來思考整個市場。第一個要研究的，就是所謂的市場相似性或廣度。

廣度

為了在不同線圖間尋找簡單的相似處，可以將股票市場區分為六個不同的層級。

首先，個別股票的價格變化可以和同類型的股票做比較。例如：一家保險公司的股票可以和其他保險公司的股票做比較。如果整體趨勢是向下的，那我們可以保持觀望或放空。而且，更重要的是觀察全國整體性的大盤指數；全國的股票大盤指數圖通常會呈現出較清楚的訊息。我們可以藉由以下兩種方法來比較個股走勢和大盤指數。第一種方法是利用大盤指數作為解讀個股的指標，假使大盤指數的走勢呈現危險的型態，我們可以延遲買進。

第二種方法就是利用所謂的相對大盤指數（relative to total index）來作為個股的篩選工具。這種方法是計算個股股價波動相對於大盤指數的波動，並以指數的型態來呈現。如果個股和大盤指數在完全相同的水平，則相對大盤指數等於100。如果個股表現強過大盤指數，則相對大盤指數應大於100。

在觀察許多不同的股票走勢時，這個指標常被用來做為辨別個股出現反常走勢（無論是上漲或下跌）的簡單方法。如果該指標突然開始上升，將是一個大有可為的訊號；如果該指標開始下降，就是危險的徵兆。如果股票走勢圖出現小型的雙頂圖形，而相對大盤指數這個指標發生在較低的頭部位置，那這種情形就是最危險的。當下最好的選擇便是出脫手中持股。

從圖16.1可得知，要比較不同的股票觀察指標，才能體驗更真實的市場廣度。

正向套利

現在，拿股票價格和相對的指數期貨價格做比較，已經是一

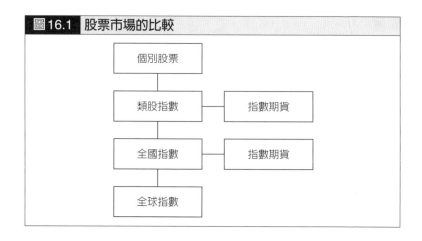

種流行的做法。如前所述，指數期貨是在未來買進或賣出一個國家不同證券的一種合約。期貨合約比標的股票更容易操作，也更便宜，因此期貨合約的短期震盪也最快。如果期貨合約和標的股票之間存在有某種價差的話，人們的反射動作就是：

● 如果期貨比股票便宜，就買進期貨，賣出股票。
● 如果期貨比股票昂貴，就買進股票，賣出期貨。

　　這種天真的交易手法被稱為正向套利（cash and carry），這也是造成大部分當代金融市場大災難的元兇，尤其是在美國及日本市場反覆發生的暴跌事件，都是因此而起。這些指數套利者常會利用市場機制的缺失，利用電腦每隔幾秒計算出股票指數和期貨指數的價格差異。而期貨擁有者也會利用自己的擔保品賺取利益，所以他們會將利率納入系統中。如此一來，每當有價格差異的情況出現時，他們就可以透過自己的系統來進行套利。而在把價格下挫的責任歸咎到電腦交易之前，我們要記住一件事：當期貨合約下跌時，一定事出有因。

在交易指數期貨合約時也要記著:不同到期日的期貨合約,不一定會有完全相同的波動反應。當這些合約表現不一致時,就表示長期的預期和短期的預期間存在差異。當操作股票時,最後一個要加以比較的,則是相關的外匯指數和全球股價指數的走勢,如今這種相關性效果越來越重要,因為現在我們所作的投資都是全球性的。

除了市場比較之外,股票市場還有三種指標用來分析市場的廣度—有多少種股票在多頭或空頭趨勢跟隨趨勢波動。它的理論基礎是,追隨趨勢變化者越多,即表示金融晴雨計的可信度越高。這三種指標分別如下:

- 騰落線
- 新高/新低
- 擴散指標

騰落線

騰落線(advance/decline line)是這三種指標裡面最出名的。它的原理是確認出上漲股票與下跌股票之間的比率。騰落線一般又稱為A/D線,它首次出現於二十世紀初的美國,當時工業指數僅由12支工業股所組成,而鐵路指數則是由20支鐵路股所組成。而如果你對市場廣度的反應有興趣,那麼你就需要去理解由1500支股票所組成的股票市場會如何發展。它們是跟隨趨勢走呢?還是對市場沒有反應?

那個年代當然沒有電腦,經紀人只能自行計算有多少檔股票上漲,多少檔股票下跌,然後在圖形上找出它們的對應關係(著名的投機客李佛摩曾經雇用了四十名統計助理來做過這種計算。

在1929年股市大崩盤前,這些統計助理們提出一份報告,表示當時的工業指數雖然走勢強勢,但在他們取樣的1002支股票當中,有614檔實際上是下跌的,只有338檔是上漲。因此,大盤指數雖然上漲,但騰落線卻在下降,李佛摩就靠著這份觀察報告躲過了之後的大崩盤)。

騰落線有兩種主要的使用公式。第一個公式極其簡單,隨機任選一個數值作為起始值,然後每天依照以下公式計算:

$$騰落線 = 上漲股數 - 下跌股數$$

另一種公式的計算方法包含了價格不變的股票數目,使用公式如下:

$$騰落線 = \sqrt{\frac{上漲股數}{股價未變動股數} - \frac{下跌股數}{股價未變動股數}}$$

如果根號內是負數,我們就改變它的符號(使用絕對值)。當指數開始上漲時,騰落線指標會自然上升,但是它有一個特別的傾向,就是在多頭市場主要波動到頭部時,騰落線指標會比狹義的股票指數領先下跌,這是因為許多股票對經濟趨勢或利率十分敏感,因此這些股票會在大盤指數見頂之前就已經停止上漲。

1987年的大崩盤也不例外。在黑色星期一之前的幾個禮拜,騰落線指標顯示有越來越多的股票開始落後指標股的表現(見表16.1)。雖然由三十家主要上市公司股票所組成的大盤指數仍維持橫向盤整,但騰落線指標已發出強烈的警告信號;多頭市場正在失去廣度。

表16.1	1987年秋季紐約證交所每週股價波動		
週	上漲股數	下跌股數	股價未變動股數
35	709	1,274	215
36	544	1,445	199
37	917	1,006	250
38	626	1,333	229
39	1,064	849	263
40	1,274	699	215
41	400	1,608	158
42	143	1,944	101

股票市場崩盤。雖然騰落線會在多頭市場主要波動的頭部形成前領先下降，但這個指標在空頭市場低點的表現更令人訝異。此時，騰落線通常會持續下降，即使狹義的股票指數並未創新低。

新高和新低

　　新高和新低的意思正如它的名稱所示，而這個指標也顯示了市場的廣度。它的原理是，去觀察多少支股票在過去一段時間內（例如52週）創下新高或新低。由於突破前波高點的走勢力量通常代表十分看多（突破前波低點就代表十分看空），這與騰落線表示市場力量的方式不同。

　　實務上，經驗告訴我們，在上升市場中創新高的股票數目並不需要持續增加，但如果在市場上升時創新高的數目卻下降，我們就要注意了。無論如何，在上升市場裡，新高的數目應該要多過於新低的數目。這個指標的一般公式是：

新高／新低＝股價創下一年來新高的數目－股價創下一年來新低的數目

擴散指標

　　第三個測量股票市場廣度的指標是擴散指標（diffusion），其

值介於0~100之間，計算公式如下：

擴散指標＝股價位於200日移動平均線之上的個股百分比

這個指標的原理在於上升走勢常常是受到200日移動平均線的帶動，當股價因為獲利回吐壓力而回檔時，買盤通常會在200日移動平均線附近再度買進，因此可以得到以下這個原則：如果很大比率的股票是位在200日移動平均線之上，股市的多頭走勢就可以確立；如果擴散指標開始下滑，而指數仍在上漲或維持平盤的話，這就是個危險的訊號。

債券

不同債券市場間的相關性通常比股票市場更為密切，而債券市場本身也較具同質性。而為了分析這兩個市場間的關係和相同現象，本書僅就相關的有價證券及市場做簡單的比較。

同樣的，我們也會利用圖形的比較來探索其間的一致性。從國際市場的角度來看，債券市場的走勢會比股票市場更具一致性。而在做股票分析時，通常會從大盤指數開始，至於債券市場，則要先看貨幣市場利率。只要經過一些練習，就可以比其他債券市場參與者還早獲得對於未來走勢的看法。最重要的利率是1個月、3個月、6個月、及12個月期存款利率，其中尤以3個月期利率的訊號最重要。如果圖形能夠再加上50日移動平均線，則對走勢的預測效果更好。

除了短期市場利率外，債券市場還有第二個指標，這個指標很像股市的領先／落後指標，稱為殖利率曲線。殖利率曲線代表短期和長期殖利率間的關係（芝加哥的期貨交易所可以交易10

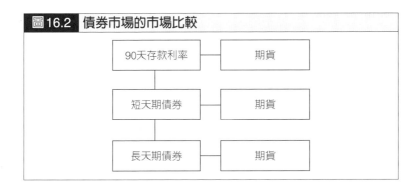

年期公債和20年公債間的利差，稱為Notes over Bonds，簡稱NOB價差。）在景氣繁榮的後期階段，市場開始過熱，通常短期利率一定會率先走高（短天期債券的價格下跌），而長期利率經過一段時間後也會跟著上升（長天期債券價格開始下滑）。所以一般的原則是，如果短期利率低於長期利率，就代表長天期債券的多頭訊號；如果短期利率接近長期利率，那就是長天期債券的空頭訊號。

　　圖16.2顯示，為了評估債券市場的廣度與結構，應該同時比較不同的市場。

外匯

　　國際投資常被比擬為三度空間的西洋棋，特別是由於外匯市場的緣故。當我們購買股票或債券時，我們會用某種特定的貨幣來支付。如果我們不是用自己國家的貨幣來支付，就必須承受證券價格及匯率波動的雙重風險。因此，外匯為投資增加了一種額外的考慮面向，如果不是因為外匯的緣故，某些投資者的收益表現可能會更好。

但也有些人特別喜歡這個領域。典型的外匯市場參與者在市場波動時都會特別興奮，因為他們就可以利用市場價格的變化來交易獲利。這些投資人做的就是貨幣的「交換」（swap）遠期合約交易是外匯市場上的主要項目，其投資人同時曝露在至少兩種貨幣的風險中，他們會放空A貨幣而做多B貨幣。而由於他們並沒有實際買進任何東西，所以遠期合約其實就像一種靠自己融資的賭注一般。隨著時間過去，依照市場上兩種標的貨幣的利息高低，合約價格和利息就會有漲有跌。

在進行外匯交易時，通常會比較兩種不同型態的圖形，一種是各貨幣間的現貨匯率，另一種則是各貨幣的利率走勢（通常是以90天期利率作為代表）。

如果你很習慣在外匯市場中交易，很快就會發現適合自己的交易方法，而且你通常會在研究完所有相關的長、短期線圖後，才會進場。

分析外匯走勢的最重要工具之一就是「有效匯率」線圖，它會顯示一國貨幣相對於一籃子交易貨幣的指數數值。通常一個主要貨幣的買進或賣出訊號，會比一般圖形更早顯現在有效匯率走勢圖上，尤其是在中央銀行想要干預外匯市場的時候。這種現象就像是股市中的廣度指標。

利率套利

除了主要貨幣的交叉交易以外，很多人也從事高利率貨幣與低利率貨幣間的套利交易。有時候在分析外匯市場時，人們會從成交量小、不相干的匯率的組合走勢圖中，得到一些看法。這就像分析某個歐洲小國的貨幣相對其他貨幣的走勢圖，卻不管掛勾最深的歐元匯率走勢一樣，這根本就是浪費時間。如果想要研究

美元對該小國貨幣的匯率走勢，你應該要先觀察這個小國貨幣對歐元的走勢，再接著觀察歐元對美元的走勢。只研究小國貨幣對美元的圖形，根本沒什麼用處。

大宗商品

　　大宗商品市場可說是金融市場中波動性最大，且最容易受心理因素影響的市場，所以，能夠在大宗商品交易市場中游刃有餘的投資人，通常也被視為技術最好的交易者。大宗商品市場的波動，基本上就是反映了市場參與者對某項商品供需關係的預期，以及某些可能事件對商品的影響。在分析商品市場的時候，要考慮的不只是單獨一項商品，還要同時觀察同類型商品的表現。

　　最常為人所使用的商品市場指標，就是由美國商品研究局（Commodity Research Bureau, CRB）所研發出的每日商品現貨商品指數（CRB Spot Commodity Index），它雖然不是唯一一個綜合商品指數，卻是唯一在交易所同步交易的指數期貨（CRB Futures Index），由21種不同的商品所組合而成。

　　除了此綜合指數外，亦有由同類型商品組成的分類指數，如圖16.3所示。交易員會利用這個指標來進行粗略的市場比較，找出會彼此互相強化的走勢方向。玉米和燕麥就是一個例子，因為這兩者屬於可彼此替代的飼料商品。但商品間的關係並非總是如此簡單，例如，銀主要是在銅、鉛、及鋅生產過程中的副產品，因此在其他條件不變的情況下，如果這三種礦產的產量上升，將會使得銀價下跌。不過，無論你觀察的商品是那一個，要記著，不要只看美元價格，也要看看以其他貨幣，例如瑞士法郎計價的價格，以確認自己有沒有忽略掉匯率變動的因素。

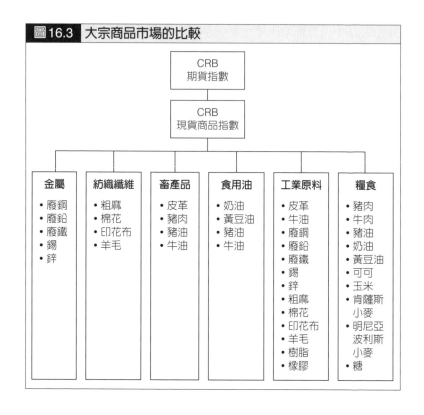

圖16.3 大宗商品市場的比較

CRB
期貨指數

CRB
現貨商品指數

金屬	紡織纖維	畜產品	食用油	工業原料	糧食

• 廢銅
• 廢鉛
• 廢鐵
• 錫
• 鋅
	• 粗麻
	• 棉花
	• 印花布
	• 羊毛
		• 皮革
		• 豬肉
		• 豬油
		• 牛油
			• 奶油
			• 黃豆油
			• 豬油
			• 牛油
				• 皮革
				• 牛油
				• 廢銅
				• 廢鉛
				• 廢鐵
				• 錫
				• 鋅
				• 粗麻
				• 棉花
				• 印花布
				• 羊毛
				• 樹脂
				• 橡膠
					• 豬肉
					• 牛肉
					• 豬油
					• 奶油
					• 黃豆油
					• 可可
					• 玉米
					• 肯薩斯
					  小麥
					• 明尼亞
					  波利斯
					  小麥
					• 糖

貴金屬

貴金屬可分為黃金、銀、鉑金和鈀四大類，其中鈀的影響力較小。眾所周知，黃金是最重要的一種；儘管如此，人類有史以來所開採出的金礦數量（40萬噸），卻只要三棟獨立的房屋就可以裝得下。但只要不斷有新的黃金供應到市場上，且商業上對黃金的需求也沒有太大的改變，黃金價格主要還是受到投機交易所主導。而且，自有煉金術士以來，所有試圖大幅增加黃金產出的努力都以失敗告終。

貴金屬和其他商品不同，它們不僅用於工業用途；黃金和銀

可做為首飾，或是拿來儲藏在最底層的抽屜裡——這在法國特別常見；中央銀行也會把黃金存放在自己的金庫裡（1968年英格蘭銀行的樓板甚至因為黃金太多而崩坍了）。相對於黃金的庫藏量，每年黃金的產量都十分有限，所以黃金產量和消費量對於金價的影響十分有限。換言之，每當貴金屬價格飆漲時，其實並不是受到產業面因素的影響。

持有貴金屬的動機很簡單，就是為了對抗通貨膨脹或是金融體系崩潰的衝擊。大多數擁有儲蓄的人一生中一定會有如下的經驗：手中的債券或股票格因為通膨上升等因素而導致價格下跌，因此，只要他們發現商品價格和利率開始上升，就會把錢轉向貴金屬（通常是黃金），以躲避即將到來的暴風雨。同樣地，如果他們擔心股市可能會崩盤，也同樣會把貴金屬當作資金的避風港。

這種保護性動機之所以成立，有一個重要的理由，亦即相對於股票、債券或銀行存款，貴金屬並不會支付利息。但事實並非如此，貴金屬期貨合約的交易者發現，如果合約到期日越久，期貨價格會隨著增加，正等同於購買者必須付出美元利息來融資買進；而你是放空者，你就可以賺到利息，等於是做了一筆利率套利交易。

決定定盤價

每天早上格林威治時間10點半和下午3點以前，來自莫卡特公司（Mocatta & Goldsmit）、夏普斯・皮斯利公司（Sharps, Pixley & Co）、羅斯查德父子公司（N.M. Rothschild & Sons Ltd）、莊信萬豐公司（Johnson Matthey）和基繆爾・蒙塔古公司（Samuel Montagu）五家公司的代表們會聚集在羅斯查德父子公司的倫敦辦公室開會，決定當天上午與下午的黃金定盤價。這五

位代表再分別透過電話和他們的交易員聯絡，然後把資訊傳送給數千位顧客。一旦這個「正確的」（correct）價格決定後，就透過電話和資訊系統告訴全球投資人，這個價格也會公布在隔天出刊的數百份金融性報紙上。這個稱為「定盤價」（fixing）的價格，是櫃檯市場或是金屬現貨市場中的指標性價格。

沒人知道有多少比重的金屬現貨在櫃檯市場中交易，但櫃檯市場是最大的金屬現貨交易市場，在這個市場的價格則是由買賣雙方出價認定出「適當的」（right）價格，而實務上的交易價格通常也在此一水準上下波動。由於櫃檯市場的規模大於期貨市場，所以櫃檯市場的定盤價和收盤價都會影響到期貨市場。不過，實際情況卻常常相反。在期貨市場中，所有合約和價格的相關資訊都是公開的，所以有著每日最高價、最低價及收盤價完整資訊的期貨走勢圖是最好的參考資料，而現貨價格走勢則多半是扮演輔助性的角色。

期貨市場交易量最大的合約是美國商品交易所（COMEX）的黃金和銀，以及紐約商業交易所（NYMEX）的鉑金和鈀。而倫敦金屬交易所（LME）的下午定盤價或是收盤價，則是較常見的現貨價參考指標。圖16.4為常用來互相比較的走勢圖。

預示貴金屬走勢即將變化的最早一項訊號，就是金礦股的價格，這是比較有效觀察黃金走勢的指標。要掌握這些訊號，你應該觀察金礦指數，最重要的幾個包括：

- 金融時報金礦指數（F. T. Gold Mines Index）
- 澳洲黃金指數（Australian Gold Index）
- 多倫多黃金股價指數（Toronto Stock Exchange Gold Share Index）
- 標準普爾金礦指數（S & P Gold Mines Index）

市場關係的主要原則

股票

- 市場比較：在相關的市場圖形中尋求走勢的相互確認，這包括了同類股票家族、國家整體指數、指數期貨及國際股價指數。
- 騰落線：這表示上漲股票、下跌股票及平盤股票之間的比率，可以看出走勢的持續性。
- 新高與新低：可以用這個指標來確認大盤走勢，它可以看出多少支股票處於新高或新低點。
- 擴散指標：可以用這個指標來確認大盤走勢，它可以看出有多少支股票的股價落在200日移動平均線之上。

債券

比較全國性和國際性的圖形，以及短期和長期殖利率；開始時先假設短期利率領先長期利率。

外匯

比較最常交易的貨幣組合之所有相關圖形，以及主要貨幣的有效匯率和90日收益率。

大宗商品

先從美國商品研究局以美元、日圓、歐元、瑞士法郎計價的商品及其相對的期貨合約開始比較，也要把同一商品家族內的個別商品圖形拿來互相加以比較。

貴金屬

利用下列三種類比的方式，找出所有獨立訊號：

- 將金礦股和黃金的圖形加以類比。
- 比較四種貴金屬的圖形。
- 把每一種貴金屬的現貨價和期貨價格加以比較。

通常金礦股和期貨價格會領先現貨價格。

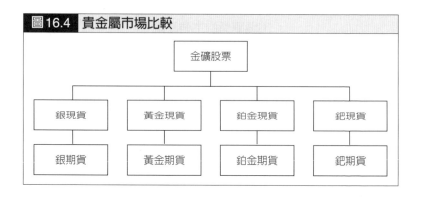

圖16.4 貴金屬市場比較

金礦股票

| 銀現貨 | 黃金現貨 | 鉑金現貨 | 鈀現貨 |

| 銀期貨 | 黃金期貨 | 鉑金期貨 | 鈀期貨 |

　　金融時報金礦指數是最為常用，它是根據24家南非金礦公司的股價所計算出的指數（以英鎊計價），很多專業投機客都緊盯這個指數，根據它的走勢來交易，因此，它的圖形訊號有相當強的自我強化效果。

　　看過金礦股走勢的圖形後，我們接著來看黃金和黃金期貨。在每個交易日，黃金期貨走勢通常領先半步（最常用的是芝加哥商品交易所黃金期貨），黃金主要以美元計價，所以走勢圖也要以美元來繪製。此外，為得到較完整的資訊，我們也應該要看看以其他五種重要的幣別，也就是澳幣、英鎊、瑞士法郎、歐元、日圓來表示的黃金走勢圖，其中尤以日圓較重要。

　　理論上，其他三種貴金屬可以用相關的礦業指數來做為預測工具，但實務上我們很難找到銀、鉑金和鈀的代表性指數（很多銀礦都在祕魯）。所以我們可能要用期貨走勢作為預測金屬現貨短期波動的工具，此外，由於貴金屬之間的相關性很高，這點也可以參考。如果黃金的買點清楚浮現，其他金屬可能也是相同的情形。

龐氏騙局

沒有一片雪花會認為自己該為雪崩負責。

——史坦尼斯洛·列克（Stanislaw J. Lec）

你願意投資每90天就會獲利50％的商業本票嗎？你沒聽錯，就是保證每90天會付你50％利息的本票，以美元計價，你願意嗎？

很少美國人會預期自己可以擁有這樣的機會。1920年的某一天，有一位叫做查爾斯·龐西（Charles Ponzi）的人，真的向大眾提供這種優惠，就如同下面這張收據上所記載的：

> 茲證明收到1000美元整，並同意持票人在90天後，可於該公司位於學校街27號27室的辦公室，或是其他任何銀行，支付1500美元整。
>
> ——證券交換公司，查爾斯·龐西

這項優惠真的十分吸引人。可是人們不禁懷疑，這位義大利移民、沒有特殊背景的龐西先生，如何有財力能夠支付這麼高額的利息？但答案也很簡單：龐西先生發現在一些歐洲國家可以用

相當於1美分的價格去買進郵政回覆明信片（一種可在其他國家使用的預付郵資郵票），在美國則可換得6美分的郵票（當時歐洲國家的貨幣在戰後呈現貶值）。所以，他只要賣出這些郵票，就可以有數百倍的獲利！因此，龐西先生想藉由發行商業本票籌措資金，為自己賺一筆鉅額財富，並同時支付本票的利息支出。但他要怎麼做呢？他讓大家都知道他在全歐各地都聘請了代理人去幫他買明信片，而在美國也有人幫忙他處理後續事宜。

　　這個商業本票計畫讓龐西先生成為十分受歡迎的人物，特別是在他所屬的義大利移民團體中。你多久才會遇見一次可以讓你致富的人呢？所以，資金源源不絕地流入證券交換公司（The Securities Exchange Company），從一開始的涓涓細流到後來變成滾滾江水，到了1920年7月，龐西先生大概一星期就會收到100萬美元。由於資金流入數量過於龐大，據傳他的助手還必須把紙鈔塞在衣櫃及書桌的抽屜裡。龐西先生從中取用了部分資金，在高級的列辛頓區為自己買了一棟價值3萬美元的豪宅。他也大量買進一家快倒閉的銀行——漢諾瓦信託銀行的股票，這家銀行在一年前曾經拒絕過龐西先生的貸款申請，現在，他反而可以利用這間銀行來配合自己的公司營運。

　　雖然有些人仍對他的做法存疑，但大多數人已經無可避免地喜歡上他，仰慕他。他在1919年12月才創立「證券交換公司」，不過6個月，該公司就已經鴻圖大展，龐西成為典型的美國成功故事範例：一位辛勤工作的移民終於找到屬於自己的機會，並緊緊把握住它。他在刊登於1920年7月29日的《紐約時報》專訪中表示：

　　　　讓我長話短說，我覺得我一定要工作，但又不想跟周遭

認識的人一樣，所以我決定來到美國。我那時候沒有什麼錢，就到了波士頓，全身上下總共只有2.5美元。如我所說，我到這個國家時，帶著2.5美元現金，和100萬美元的希望，而且，這些希望始終伴隨著我。我一直期待有一天自己能夠賺到足夠的錢，然後利用這些錢來賺更多錢，因為沒有人可以在沒有任何起始資本的情況下賺錢的。

　　我利用一些零碎的工作機會存了一些錢，但那只能撐過幾個禮拜，之後，我的現金又花完了。所以我決定到紐約這個大城市來尋找工作機會。有一家大旅館需要服務生，它還提供我燕尾服式的制服。靠著端了好幾噸的食物所得到的微薄薪資和小費，我才足以維生。接下來，我在很多不同的旅館，不同的餐廳都做過服務生，有時候還要兼著洗碗。長久下來，我開始對紐約感到厭煩，於是決定過著一邊旅行，一邊流浪的生活。

這真是個不錯的故事，但並不全然是事實。

向張三借錢，還給李四

　　真正的事實是，龐西到美國以後就直接去加拿大，並在那裡坐了20個月的牢，他被判的刑期是36個月，事由是因為涉及一樁匯款詐騙案。不過，他才出獄10天，馬上又因為協助走私5個義大利人入境美國，又被判了2年的徒刑。不過龐西先生想隱藏的事情不只是他過去的犯罪事實，他還有個更人的問題，那就是利用郵政回覆明信片套利的做法根本行不通。要讓每個人都能夠買進大量的郵政回覆明信片，然後把它們換成郵票再賣出獲利，

根本是不可能的事。每年印製的郵政回覆明信片面值約75,000美元，在1919年甚至只有58,560美元，根本不足以支付數百萬美元衍生出的高額利息。實際上，龐西的計畫不僅不可能完成，他也沒想過要完成它。他根本就沒有像他所說的那樣聘請很多代理人，因為他根本就不想這麼做。龐西並不是用新投資者的錢去買郵政回覆明信片，而是用這些錢來支付這些新投資人的利息。這其實就像是傳銷機制一樣。

不太美麗的畫面

《波士頓環球報》（*Boston Globe*）的記者最早發現這個問題，他在6月做了一些研究後，就在7月17日的報紙上發表了一篇質疑龐西計畫的報導，使得龐西的辦公室發生了第一波擠兌風潮，還需要勞動警察來解散群眾。在此同時，此事件也引發了麻州地方檢察官佩勒提（Pelletier）的關注。不過還沒有人可以指控龐西先生有任何錯誤，因為至少到目前為止，他都依約支付所有投資人應領到的錢，甚至比預先約定的時間還提前——只需要四十五天。不過佩勒提檢察官仍對此相當質疑，他和龐西進行了好幾次會談，終於說服龐西先生自7月26日起停止吸金，直到審計人員能夠確認他的公司的財務穩健性為止。這並不是犯罪起訴，只是檢查……，龐西同意他的要求。

在此同時，《波士頓環球報》的記者繼續挖掘，發現了爆炸性的真相。8月2日出刊的報紙上登出這則消息，指出龐西一定會破產，並公開他過去的犯罪紀錄，為了證明報導的真實性，旁邊還附上龐西入獄時的檔案大頭照。龐西看到這篇報導後，馬上到銀行提領200萬美元，隨後躲到薩拉托加溫泉市的美國大飯

店，以查爾斯‧畢安其的名字登記住宿。他開始賭博，或許是希望扳回劣勢，贏得足夠的錢來付給投資人。

不過事與願違，沒多久龐西的公司就倒閉了，他也遭到逮捕。他的辯護律師想幫他找出一套辯護策略，他們一度想出「金融白癡」這個理由，表示龐西在過去一、二十年來過度執著於快速致富，以致於無法自拔。

審判不利於龐西，事證之一是龐西募集到錢足以購買1億8千萬美元的郵政回覆明信片，但當檢察官偵訊龐西的助理，辦公室裡是否有郵政回覆明信片時，她竟然回答：只有一、兩張做為展示用途。即使是龐西本人，都和群眾一樣哄堂大笑。

此外，審理過程中發現龐西公司的唯一一筆收入，就是投資五家電話公司獲得股利45美元。法官後來判決龐西須進聯邦監獄服刑五年，在服刑三年半後，他又被麻州當局判定有罪，繼續入監服刑七～九年。

龐西的本性

龐西已經成為金融歷史中不可磨滅的一段記憶，今天，只要大家提到「龐氏騙局」（Ponzi Schemes），就是指這種拿新投資人的金錢支付舊投資人的傳銷機制。這種機制會一直運作下去，直到無法再吸引新的加入者為止。

龐西當然是一個騙子，也可能是個精神病患。他的設計十分精密，所以「龐氏騙局」常被用來描述精心設計的金融犯罪。羅伯‧席勒在《非理性繁榮》一書中，將「龐氏騙局」更廣泛地運用來描繪市場脫離了商業實況的泡沫化過程。他將這種情況稱為「自然發生的龐氏騙局」。這種機制之所以「自然」，是因為它是

自發產生,而非被設計出來;而它們也屬於龐氏騙局的原因,是因為投資人的唯一獲利來源,就是新投資人所帶來的新資金。至於商業活動的管收,則不會為他們帶來實際的收益。

多頭市場中的回饋循環

自然發生的龐氏騙局的關鍵,就在所謂的正回饋循環。上升市場會創造出連串的放大過程,進而產生一種荒謬的動能。後見之明偏誤效果和後悔就是其中一個例子。隨著市場走高,我們會錯誤地以為自己真的會在事情發生之前就曉得了,因此我們感到一種強烈的悔恨感,而且試著藉由在價格小幅回檔時買進的方式,來修正自己所認知到的錯誤(圖17.1)。

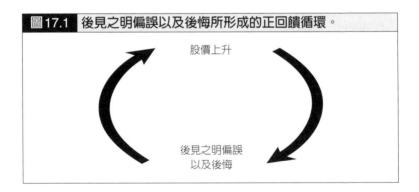

圖17.1 後見之明偏誤以及後悔所形成的正回饋循環。

股價上升

後見之明偏誤
以及後悔

而價格上升的變化會引起技術分析人士的注意,他們會根據圖形變化而做出買進建議(圖17.2)。

隨著股價上升一段時間後,我們的心智開始由代表性效果所掌控。這種效果會讓我們自然地以為最近的走勢也會在未來繼續持續下去,所以我們也想要再多買進一點(圖17.3)。

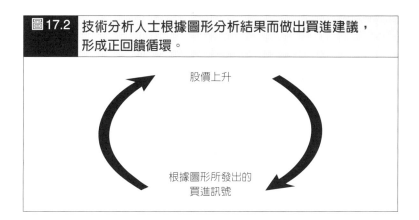

圖17.2 技術分析人士根據圖形分析結果而做出買進建議，形成正回饋循環。

股價上升

根據圖形所發出的
買進訊號

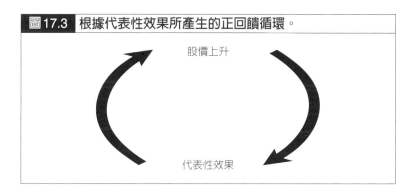

圖17.3 根據代表性效果所產生的正回饋循環。

股價上升

代表性效果

　　多頭走勢持續一段時間後，越來越多的投資人都有明顯獲利。雖然他們常常會針對個股獲利了結，但多數人仍傾向將所有資金繼續投入這一波多頭市場；社會心理學者把這種常見於賭場的現象稱為「玩莊家的錢」。很多已經大賺一筆的人會賭到輸光了為止，因為對他們而言，這些輸光的錢不太像是自己的錢──它們是莊家的。他們會把最近的獲利從其他的資產獨立出來，在心理上把這筆錢歸類為賭博的籌碼（圖17.4）。

　　由於價格已上漲了一段時間，很多公司的財務狀況也明顯受

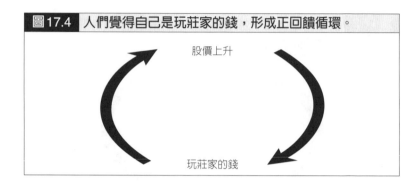

圖17.4 人們覺得自己是玩莊家的錢，形成正回饋循環。

股價上升

玩莊家的錢

惠，股價較高的公司會發現自己的更容易籌集資金，融資成本也下降（例如發行可轉換債權），而這些新取得的資金可以用來投資在其他的商品與勞務上，帶動其他公司的股價上漲，進而提升他們的集資能力。這股商業循環於是支撐了金融走勢的發展。

這種種的一切當然都不會逃過媒體的眼睛，因為它們主要關注的就是當下的氛圍，因此，媒體也把多頭市場給合理化了，而且這背後有分析師發布的報告作為支持。在強大的團體壓力下，此時分析師們所發布的買進建議遠高於賣出建議（圖17.6）。

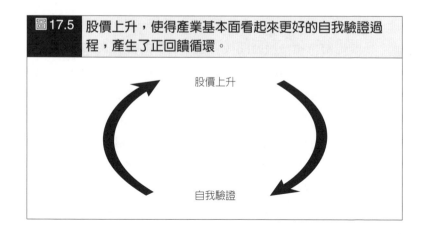

圖17.5 股價上升，使得產業基本面看起來更好的自我驗證過程，產生了正回饋循環。

股價上升

自我驗證

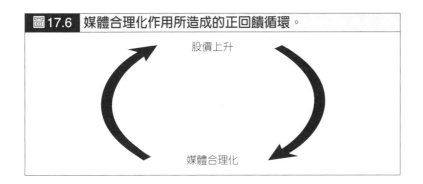

圖17.6　媒體合理化作用所造成的正回饋循環。

股價上升

媒體合理化

多頭市場的交易量會增加，這對銀行業者和證券業者而言都是個好現象，所以他們會聘請更多的業務人員，製造出更多的行銷資料，更廣泛的接觸客戶，以鼓勵他們買入更多股票。

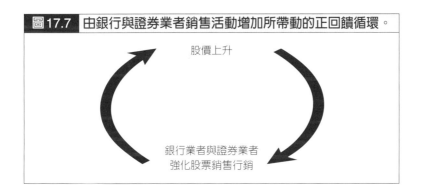

圖17.7　由銀行與證券業者銷售活動增加所帶動的正回饋循環。

股價上升

銀行業者與證券業者
強化股票銷售行銷

當人們在股市裡賺到錢時，也會變得更富有，每一次賺到錢，就可以拿出更多的錢來投入股市。所以，市場就像是一股不斷循環的現金浪潮一般，或可稱為金融流動性（圖17.8）。

當多頭市場最終發展成金融泡沫，越來越多的警訊也逐漸顯現出來。不過，錯誤的共識效應會讓人們形成一種錯誤的印象，以為很多人都支持多頭走勢，而忽略了事實（圖17.9）。

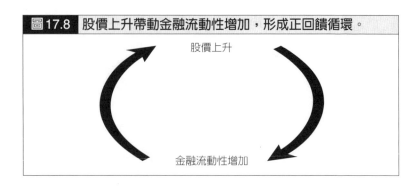

圖17.8 股價上升帶動金融流動性增加，形成正回饋循環。

股價上升

金融流動性增加

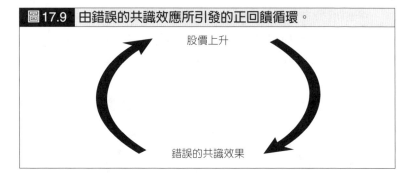

圖17.9 由錯誤的共識效應所引發的正回饋循環。

股價上升

錯誤的共識效果

　　在金融泡沫的最後階段，即使是最有技巧的投資人也會想要放空，不過卻很難找出真正的轉折點在哪裏，所以，當市場持續上漲到超過預期水準時，這些放空的投資人為了停損必須趕快加以回補。這就造成了最後一個爆發點——價格快速飆漲——股價高點隨即出現（圖17.10）。

　　金融泡沫是指多頭市場變得無法控制。在這樣的市場情況中，所有的正回饋循環都環環相扣，創造出強烈的動能，使得價格狂飆到不合理的水準。這種市場發展會讓我們想到龐氏騙局，因為在這些高額獲利中，有部分是來自於投資人可以把持股轉手

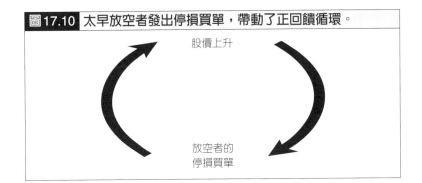

圖17.10 太早放空者發出停損買單，帶動了正回饋循環。

股價上升

放空者的
停損買單

給新投資者的能力，而非來自於上市公司的現金流量。就像典型
的龐氏騙局一樣，當新投資人不再加入時，這個機制就會崩潰。

　　不過，此類的金融泡沫並不是犯罪行為。雖然它實際上就像
是層層交疊的制度，但是背後並沒有像龐西這樣的人從中安排一
切，而是由數百萬的人共同參與所促成。很多人會把這樣的泡沫
歸咎於那些在股市上漲時還大量鼓吹買進（通常是銀行和分析
師），或是那些在觸頂時大量倒貨的人（通常是有技巧的避險基
金）。那些長期都建議要買進的人可以聲稱，他們只不過是犯了
誠實的錯誤，或者是辯稱自己只認為某些個股會優於其他的股
票；這些人通常會找出一些自己是正確的時候。而那些在觸頂時
大量賣出的人則可以說，買低賣高其實是一種穩定市場的策略，
而且這種做法十分合理。他們甚至可以說，導致市場波動性那麼
大的真正罪魁禍首，是那些買高賣低的人。

　　可是，這樣子不就表示該歸責那些投資新手了，這樣公平
嗎？回到當初龐氏騙局的情況，當時主審法官是詹姆士・歐士堤
德（James Olmstead），他幾乎也同意要追究投資人的法律責任，
因為他認為：

如果有高利貸這項罪名的話，那些想要保有本金，又要
賺50%利息暴利的投資人就該判有罪。

聽起來似乎不該如此，怎麼能暗示那些在龐氏騙局中賠錢的
投資人犯了高利貸的罪名呢？但歐士堤德法官並未就此問題繼續
深究。龐氏騙局會自然發生，是因為很多人都在高價時大量買
進，預期不實際的收益，可是，就像是掉落在雪崩上的一片小雪
花一樣，我們不能去怪罪散戶投資人，因為投資行為相當複雜，
很多投資人根本不是以此為業。

確認偏誤

　　我們的結論常常會過度偏向於我們所想要相信的方向，這會使得
我們只選擇接受一些能夠支持自己行為的資訊，而不去接受那些反面
的意見。記憶研究者發現，當人們受激勵而得到特定結論時，他們會不
經意地尋找自己的記憶，以找出一些可以支持自己想要結論的片段。
　　這種傾向十分強烈，所以，即使是應該十分客觀的科學家，也會
避免去取得或認可一些和自己假設不合的資訊。
　　在股市中可以很明顯看出，人們試著避免接受到那些會承認自己
錯誤行為的資訊；如果我們在看多時股價卻下跌，這種資訊可能是和
經濟有關的，或者可能是價格本身。這種現象有助於延長走勢。

---

18 熊市與牛市的差異

> 大數人通常會對不愉快的事實視而不見。即使事實就在
> 我們眼前，在我們的鼻子下，壓住我們的喉嚨——我們
> 還是不承認它。
>
> ——艾瑞克·霍佛（Eric Hoffer）

在正回饋循環與走勢所主導的市場中，「減少損失，擴大獲利」是一個滿有道理的交易原則。假設大家都抱持著這個原則，牛市時的交易量應該比較低，而熊市時的交易量將大幅增加。不過，事實卻與此相反：

牛市交易量通常高於熊市交易量。

這是什麼道理？答案和人類心理學有關（和邏輯一點關係也沒有）。為了解釋這點，我們來介紹以下這個經常用到的心理實驗。假設有人問你下列問題：

有600人感染了致命性惡疾。我們可以從A、B兩種治療方法中選擇其一：

（A）只能治癒200個人

（B）有1/3的機率可以治癒所有人；但也有2/3的機會一
　　 個人也救不了

你會選擇哪一種？

若選了A，你很確定自己可以治好200個人，但如果選的是
B，你是在賭自己可以救多少人。所以這個選擇看起來很容易：
72%被問到這問題的人都會選擇A，你不敢去賭到底可以救多少
人。

如果問題稍有不同：

有600人感染了致命性惡疾。我們可以從A、B兩種治
療方法中選擇其一：

（A）會讓400個人死亡
（B）有1/3的機率可以治癒所有人；但也有2/3的機會一
　　 個人也救不了

你會想害死400個人嗎？應該不會，至少要保留一些能夠拯救
所有人的可能性。所以，在這個情況下，只有22%的人會選擇A。

這個實驗是由特沃斯基和卡尼曼在1981年開始執行，它有
趣的地方在於：其實兩種情境完全一樣，只是表達方式有所不
同。第一種情境是以獲利為出發點，而第二種情境則著重損失。
這兩位科學家利用這個及其他相關實驗得到一個結論，人們對損
失和獲利所抱持的態度並不對稱：

與其拿獲利來賭輸贏，人們更願意用損失來賭博。

我們來看看這種態度怎麼應用到金融市場上。假設你買的股
票虧損了，你會怎麼做？就像很多其他人一樣，你會繼續抱著它

們，賭它總有一天會反彈回來。現在，假設你已經獲利了，你就不會想拿獲利作為賭注，做法很簡單：賣出股票，落袋為安。

展望理論和下跌市場

對於相同程度的獲利與損失，我們給予獲利的評價會高於損失，此稱為「展望理論」（prospect theory）。這個由特沃斯基和卡尼曼所提出的理論，可以用來解釋為什麼牛市的交易量高於熊市的交易量，但我們是否可以更進一步，找到展望理論的深層解釋呢？

心理學家認為可以透過「後悔理論」來提供部分解釋。米爾·史達門（Mier Statman）是後悔理論的權威學者之一，他指出許多很明顯的事實（請參見他在1994年所寫的論文：〈追蹤錯誤、後悔和資產配置策略〉）。他認為，我們比較喜歡拿虧損來賭博更甚於獲利的原因，是因為我們無法面對虧損的事實。將這點應用在股票市場上，我們可以想像，只要虧損部位仍在（所以我們繼續賭它會漲回來），我們不用向任何人，例如銀行、會計師或配偶等承認我們所犯的錯。畢竟股票還沒有賣出去，你能說真的有損失嗎？當然可以，可是大多數的人仍然相信這兩者之中有差別，所以他們傾向在市場下跌的時候停止交易。雪弗琳（H. Shefrin）和史達門在1985年的一篇文章中試圖解釋人們為何不願意接受損失：

> 總而言之，人們為了認知和情緒的理由而交易。他們會交易是因為認為自己擁有資訊，但其實那只是些雜訊，此外，交易也能為他們帶來驕傲的喜悅。當決策結果正確的時候，交易會使他們感到驕傲，可是一旦決策錯誤，交易就會讓他們感到後悔。而投資人將試著迴避承受後悔的痛苦，所以他們不會去實現虧損，或是拿投資

顧問作為代罪羔羊，或是再也不會去投資那些名聲不好
的公司股票。

後悔理論也稱為「損失趨避」（loss aversion），是一種典型
的自我防衛態度表現，它可以解釋為何熊市的交易量會減少。

另一個可以解釋展望理論的相關現象是所謂的「精神區隔」
（mental compartment），它的基本假設在於，我們傾向於把各種
變數分割成好幾個單獨的單位再個別處理，而不是以整體的角度
來看待。這種現象的症狀之一，就是即使無法把資金投資在更有
前景的標的上，也仍要堅持保有已虧損的部位。我們試著讓每個
投資都能得到最好的結果（用很愚蠢的做法），即使我們也知道
這是整體的機會損失。

認知失調可以為熊市中的低交易量提供最後一種解釋。因為
賣出虧損的部位就代表等於是承認自己的信念、態度與市場的現
實間發生了失調的狀況。

當市場上漲

當市場上漲時，情況自然不同，投資人賺錢了，勝利者沒什
麼好隱藏的。可是勝利者很容易會掉入另一種陷阱：他們會誤信
自己的成功是歸因於自己的技術高明，而不是運氣。社會心理學
家將這種現象稱為「過分自信」。一般而言，我們都是過於自信
的。很多人認為自己具有至少平均值以上的正面個人特質——包
括駕駛能力、幽默感、風險管理能力和預期壽命。例如，一群美
國學生在評估自己的駕駛能力時，有82％的人認為自己居於前
30％的位置。所以，在牛市交易中的投資人代表什麼呢？過分自
信的理論認為，很多人認為自己能夠在近來的交易中獲利的原

因，是因為自己的技巧很好（即使他們的獲利還低於市場平均）；而且，因為他們認為自己天賦異稟，他們反而會更加頻繁地進行操作。正因為這種過分自信的心理，所以當市場上漲時，交易量也會隨著增加；而在市場下跌時，由於我們會感到後悔，甚至有癱瘓的感覺，所以交易量會下滑。

趨勢心理學		
市場趨勢中，呈現的市場現象與心理現象的可能關係：		
市場現象	基本的個人行為模式	相關的心理現象
階梯走勢。	在價格拉回到先前賣出的價位時買進。	• 知識態度 • 自我防衛態度 • 後悔理論
市場隨著趨勢線及其他技術分析指標而變化，當違反這些技術指標時，市場會強烈反應。	根據趨勢線和其他技術指標來交易。	• 後見之明偏誤 • 奇幻思考
市場由移動平均線所「帶動」。	逐漸改變態度。	• 知識態度
市場上升時成量也上升，市場下跌時成交量也下降。	市場上漲時獲利了結，市場下跌時不願意出場承認損失。	• 展望理論 • 確定效應 • 自我防衛態度 • 後悔理論 • 精神區隔 • 認知失調 • 過度自信
市場上漲時活躍的投資人也跟著增加。	和朋友談投資成功經驗，帶動更多人投入市場。	• 自我實現態度 • 社會比較

趨勢心理學（續）		
市場趨勢中，呈現的市場現象與心理現象的可能關係：		
市場現象	**基本的個人行為模式**	**相關的心理現象**
大家都以能夠支持市場趨勢的立場來解讀新聞。	新聞記者和分析師都跟隨趨勢。	• 適應性態度 • 認知失調 • 同化錯誤 • 選擇性接觸 • 選擇性認知 • 確認偏誤 • 結構效果 • 社會比較
趨勢開始自我回饋。	唯一的事實就是人們相信走勢會持續下去。	• 說服效應 • 代表性 • 後見之明偏誤 • 後悔理論 • 奇幻思考 • 精神區隔 • 錯誤共識效應 • 確認偏誤
負面消息被忽略。	人們不注意負面消息，或是因為不想相信而不去相信這些消息的重要性，而且牛市對他們來說，就代表了這些負面消息沒那麼嚴重。	• 說服效應 • 自我說服效應 • 代表性 • 過度情緒化症狀 • 認知失調 • 同化錯誤 • 選擇性接觸 • 選擇性認知 • 錯誤共識效應
股價圖形出現典型的繼續型態（旗型、三角旗型、缺口）。	趨勢受到暫時性因素的干擾；買盤力量持續累績，一旦型態被突破，買盤會更增強。	• 行為主義 • 知識態度 • 自我防衛態度

第七篇

區間走勢心理學

傾聽市場對人們說的話,而非人們對市場的評論。

——理查・威克夫(Richard Wyckoff)

19 懷疑與遲疑

形塑股票市場的唯一最重要因素，就是人類的心理。

——傑洛・樂伯

　　在呈現美麗的梯形走勢的市場裡，每個人都慢慢地順著趨勢進行交易，獲利也逐步增加，大多數的主力仍決定留在市場裡，可是當市場突然間大漲，或突然出現翻轉，然後開始出現鋸齒狀的橫向走勢時，很多人開始懷疑，這個猛獸到底想做些什麼？該增加投資嗎？或是該出場？市場要反轉了嗎？

沈悶的市場並非真的沈悶

　　舉下面的例子來說，1986年10月美元兌日圓的匯價如圖19.1所示。

　　整個1985年的美元匯價持續大幅下挫，而且跌勢持續到1986年8月，當時美元兌日圓匯價只剩155日圓。接下來，跌勢突然止住，在隨後的8月、9月以及10月的大部分時間裡，走勢都沒有太大波動。這段期間內，金價兌美元匯價大漲，道瓊工業

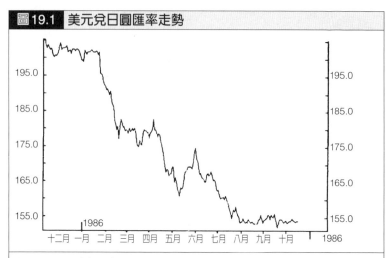

圖19.1　美元兌日圓匯率走勢

美元兌日圓匯率是全球最重要的貨幣交易組合之一，所以本圖可做為大眾心理學的經典範例。本圖為每日倫敦匯市收盤價。

指數和許多其他市場都上下波動，英鎊大幅下滑，美元兌西德馬克匯率也持續下跌，而英國債券市場更是戰況慘烈。市場猛獸持續在各地發威，但是美元兌日圓匯率卻平靜如一灘死水。

　　那麼，那些需要美元以購買石油的日本石油供應商該怎麼做呢？之前他可能會儘量延後買進美元，因為他認為美元會變得更便宜。可是，他的等待總有期限。如果沒有發生什麼事，他會放棄以更低價格買進的想法，轉以當前的市價來交易。相反的，對於那些想要以低價回補的放空美元投機客而言，他們會怎麼做呢？這些人最後也會失去耐心，願意以現價回補，如此才能再去投資新的標的。還有一種人，是那些想要放空美元的空手投資人，他們要不是延後決定，等待市場開始有些動靜時再說，就是去找其他的放空標的。

　　隨著時間過去，所有這些市場參與者都放棄了要以較低價格

買進的興趣，或者取消原來的限價單；原本想在150日圓價位買進的人不耐久候，只得在154日圓買進，同樣的，那些有相反預期或是興趣的人，也逐漸失去等待較高價位的耐性。想要賣在160日圓價位的人，最後只得在154日圓賣出。經過一段時間之後，很多有可能會引發價格波動的買、賣單，都逐漸被取消。

> 當市場波動停止時，現價以下的買盤（支撐）與現價之上的賣盤（壓力），都會逐漸消失。

這種支撐與壓力消失的現象意味著，一旦市場平靜的時間越久，最後突破時所帶來的風暴也越強。在買、賣方力道消失的同時，不確定感增加了。如果市場原地踏步的時間越久，參與者的不確定感會越強（又是知識態度的作用）。如果市場持續停滯的時間日復一日，周復一周，月復一月，我們實在很難抱持一種極度空頭的看法。最後，那些仍在市場內的人只好開始用停損單來保護自己的部位：「如果突破157，我就買進」或是「如果跌破了153，我就要賣出」。

> 震盪區持續的時間越久，對於走勢方向的心理不確定性也越高。在一段時間過後，現價以下的潛在賣壓和現價之上的潛在買盤會開始增強。

到最後，這些變化都會蘊釀形成一個大突破。

讓我們拿出放大鏡，仔細看一下最後一段整理區間，如圖19.2所示。

在盤整的最後階段，市場幾乎沒有什麼交易活動。在最後一個月僅可看到零星的換手卡位戰（注意有個通道存在），一般而言，此時只有經紀商或銀行間的交易員才會有興趣進行交易。其

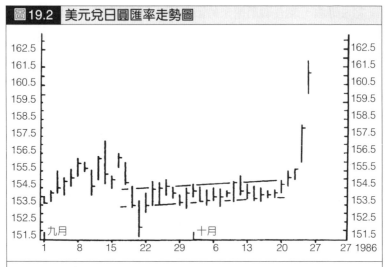

圖19.2 美元兌日圓匯率走勢圖

當匯市在狹窄通道間盤整時，買賣雙方均結清部位，最終賣方退場，買盤促匯價強勁上揚。

他人都因為無聊或是失去耐心而出場了。最後，所有賣盤都消失了，讓剩下的買盤力量推動市場向上突破。然後，在停損買單所產生的自我強化效應帶動下，這種向上突破的走勢上漲到極高的水準，使得很多人改變想法，於是吸引了新買盤的湧入（適應性態度）。很短時間後，圖形就變成了如圖19.3的樣子。

走勢持續上漲，直到在160價位遇到短期整理，每個人都對走勢前景十分樂觀，但有些人因為在太短的時間內賺到太多錢，所以必須落袋為安，先行出場。這股來自獲利了結的賣壓，使得股價小幅下跌了好幾天，直到這些短期賣壓完全被消化完畢為止。走勢可以繼續持續下去，直到在164~165價位附近遇到更強一點的賣壓。

本圖顯示許多傳統的走勢型態，也稱為線形：除了通道之

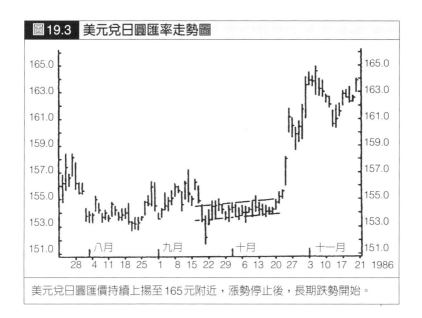

圖19.3 美元兌日圓匯率走勢圖

美元兌日圓匯價持續上揚至165元附近,漲勢停止後,長期跌勢開始。

外,還可以看到矩形、四個缺口、以及旗形,對於有經驗的交易者而言,這些線形都提供了有意義的訊號。可是,在這段時間卻沒有重要的財經新聞發佈(我們稍後會再回到這個圖形)。

三角形:不確定性

查爾斯‧道曾說,如果我們看到持續上升的頭部與底部時,就會看到上升走勢;若是頭部與底部不斷下降,市場就是下跌走勢。可是如果是頭部下降而底部上升呢?這就是走勢不確定!當走勢進入三角形型態時,通常是有部分參與者開始對市場產生質疑問,隨著時間過去,這些人的不確定性升高,無論是買方或賣方的野心都減弱:漸漸地,買方願意接受以較高的價格買進,而賣方也願意接受以較低的價格賣出。當走勢陷入僵局時,如同在美元兌日圓的例子所見,在三角線形以上毫無賣方,而線形之下

也沒有任何買方。而且越來越多人在三角線形之外掛出停損單，亦即：市價以上的限價買單和市價以下的限價賣單。市場漸趨不穩定，最終總有一方會被淘汰出局：不是買方就是賣方，然後市場開始從缺乏買方、賣方的真空區強力突破，更多的停損單也會更加強化此一現象。

當買、賣雙方勢均力敵時，自然就會出現例外的情況。在這種情況下，價格曲線會延伸出三角線形的尖端，其所發出的訊號自然也無效。如果三角線形的支撐線與壓力線斜率一條向上，一條向下，則此三角形就是對稱三角形，當然，我們不討論這兩條線是否真的完全對稱。對稱三角形的線形無法告訴我們走勢是會持續下去還是會反轉，在買方或賣方的勢力被完全消除前，這種線形沒有任何意義。不過，就像震盪區多為走勢中的短暫性干擾，對稱三角形也可能表示走勢會持續下去，而非反轉。

至於直角三角形的線形就容易多了，它會明確表示出突破的方向。在圖19.4中可以看到由一條水平線和斜邊所構成的直角三角形。

在此圖形中，144價位存在恆常的賣壓，而買方力量持續增加，使得底部不斷墊高。最後，買方力量壓倒賣方，使得價格向上突破，而這種直角三角形就稱為「上升」直角三角形。在市值較小的股市或債市中，這種線形的出現通常表示有某一主力大戶在這個多頭市場中掛出限價賣單（在特定價位的賣單），當這位主力所有倒出的持股都被市場吸納完畢時，就會產生突破，走勢也繼續上升。三角形上方線段向下的直線距離代表突破的最低目標，它起於三角形型態的開始處，和三角形的底邊平行；其原因很明顯：

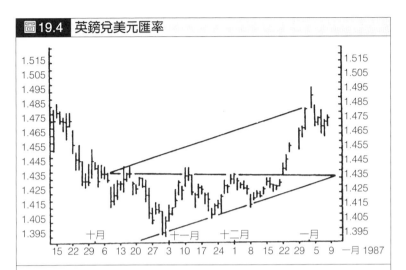

圖19.4　英鎊兌美元匯率

英鎊兌美元常被稱為「電纜」（cable），在1986年聖誕節前，交易員紛紛結清手中的電纜部位以歡渡佳節。但在聖誕夜的前夕，價格向上突破了三角線形，顯示大量買盤進場，並開始了強力的多頭走勢。

- 首先，這條線與三角線形的距離必須要隨著時間而加大，因為在三角形的形成過程中，在型態以下的買方與賣方的力量逐漸減小。
- 第二，它的斜率必須反映三角形的形狀：三角形愈窄，交易量可能愈低，買、賣方的力量差異也會更小，突破的力道也因而比較薄弱。

　　這條線當然只具有一般的指標性意義，所以只須把它視為最低目標價位，通常還可能進一步上漲。如果底部那條線是水平的，就表示買盤力量雖維持不變（可能是因為大量限價買單之故），但賣壓卻持續增加，因此我們應可預見向下的突破，如圖19.5所示。

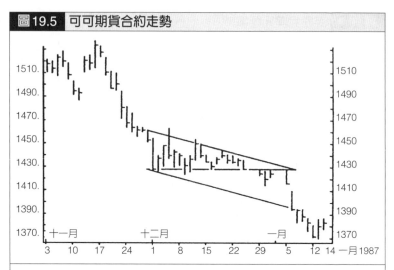

圖19.5 可可期貨合約走勢

我們在此圖中可以看到突破力道並不強的下降三角形，因為這發生在1986
年聖誕節假期期間。不過等到聖誕節結束，很快就達到了三角形型態的目
標價位。

三角形的特殊變形為由尖端延伸出再擴大的線形。這種很少
見的線形稱為「擴大型態」（broadening formation），通常代表主
要多頭走勢即將反轉。下列兩種關於三角形的錯誤一定要避免：

- 在三角形還沒出現前就試著畫出來。至少要等到有兩個頭部
  和兩個底部時才可以畫，此外，在突破開始之前，線形都沒
  有什麼意義。
- 在假突破或未成熟的突破時就進行交易。

矩形：衝突或卡位戰

矩形是指在兩個清楚的價格區間不斷地震盪運動，所以交易
發生在兩條平行的支撐與壓力線之間。圖19.6為ASDA-MFI公司

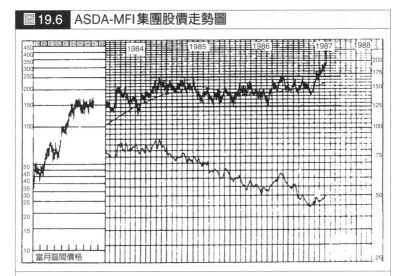

圖19.6　ASDA-MFI集團股價走勢圖

本圖顯示這家英國公司的股票在兩年半的區間內都維持一種狹幅波動的走勢，當突破終於發生時，力道果然如預期般的十分強烈。圖中亦標示了200日移動平均線以及該公司股價相對大盤指數的表現。

（圖形來源：劍橋投資研究）

的股價走勢圖，圖中顯示這種矩形走勢持續了數年。

　　如同在對稱三角形線形中所見的例子，其中一方的力量總是大於另外一方，在本例中賣方力量就大過買方。這種單純的行為主義／心理現象，通常是發生在市場幾乎沒有任何外界刺激的情況下。雖然這兩者之間的關係並非立即可見，但不用多久，力量較弱的一方會被清除，市場隨後會在適當的方向突破。若市場處於恐慌的交易情況下，價格不僅會突破買、賣方真空區，也會突破矩形型態以外的停損單匯集區。

　　由於矩形相當類似於對稱三角形，很多關於三角形的規則也可應用於矩形上。成交量和假突破有助於指引突破的可能方向。

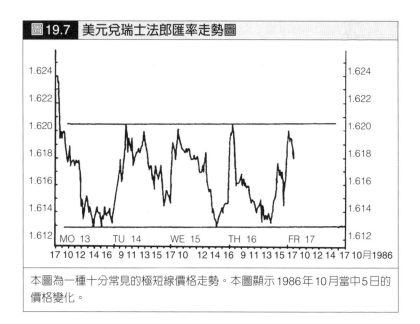

圖19.7　美元兌瑞士法郎匯率走勢圖

本圖為一種十分常見的極短線價格走勢。本圖顯示1986年10月當中5日的價格變化。

但要注意的是，矩形也可能十分狹窄（見圖19.7）。

　　在這種情況下，舉例來說，我們可以考慮是否要在161.30的價位買進，或是在162.25賣出。可是事實上，這都還只是問題的一部分。會出現這種線形的原因，是因為那些無論如何都要賣出的人決定等到線形頭部出現再賣出，而無論如何都會買進的人則要等待底部出現再買進。這也是為什麼許多線形都以很極端的縮小版形態呈現。

當市場過度擴張

> 經濟和社會系統的模型應該要描繪出不均衡
> （disequilibrium）的產生與消失過程，而不是去假設經
> 濟總是處於均衡或接近均衡，或是假設穩定的均衡狀態
> 一定存在。
>
> ——莫斯奇德、拉森及史特曼

　　高空彈跳是讓彈跳者腳上綁著一條有彈力的繩子，然後從很
高的橋上一躍而下的運動，繩子在快接近地面之前會變得很緊
繃，使得彈跳者得以快速地被往上拉，好像連胃都衝到喉嚨了一
般。在市場裡也有類似的現象，當價格變化過快時，這條繩子也
被繃緊，我們稱此時的市場為「超買」或「超賣」，這點可以用
很簡單的「動能」（momentum）指標來加以衡量。動能是一種可
以用來代表「知識態度」效應的統計指標，所以它的使用方法和
移動平均線相關。動能代表的意義很明顯，這可由十分簡易的公
式來加以解釋：

　　　　動能＝今日價格－x天前的價格

假設 x＝40，若價格在第一個月由200跌到180，下個月再回到200，此時，第二個月的上漲並不是一個真正的買進訊號，因為價格只不過是回到之前的價位，而這些買盤力量可能是來自於獲利了結或是逢低買進。在這例子裡，動能＝200－200＝0，也就是一個中立的訊號。

假設價格在隨後兩個月上漲到250的新高，這就不是由於獲利了結或是逢低買進的買盤，而一定有人對市場產生了很大的興趣。現在動能指標＝250－200＝50。動能指標越高，代表的訊號越重要；簡單的說，動能指標會隨著人們對市場的興趣增加而升高。再過了兩個月之後，價格已上升到350的價位，而動能指標＝100。而兩個月達40%的漲幅通常會帶來反作用力，所以這種（或另一種）極限預警了即將發生的回檔修正。

另一種情況則假設在兩個月後，價格維持在250不變，動能指標因此跌回為零，這代表市場在獲利回吐之前的喘息機會，而動能指標的下跌即發出一種警告訊號。所以有關動能指標的規則是：

動能上升＝買進訊號
動能下降＝賣出訊號
極大的動能＝反作用的警告

此外，只要動能在多頭走勢之中維持在中立值之上，或是在空頭走勢裡維持在中立值之下，若其他條件不變，則該走勢將持續下去。在多數的市場裡，根據40日計算的價格公式所得到的數字可以提供相當安全的訊誤。不過，沒有人知道為什麼40日的數字最為有效，也沒有人能夠事先計算出受催眠的人持續寄明信片的平均時間。我們唯一能做的就是去研究市場，並接受它所傳達的訊息。

變動率

動能是很有用的指標，但仍有其缺陷。1978年6月的《大宗商品》（*Commodities*）雜誌中刊登了一篇由威爾斯・魏德所寫的文章，文章指出了下列明顯的問題：

- 極大但獨立的基期價格（如40日之前）可能會導出假的動能值；
- 因為每支股票的價位不同，所以每支股票的動能值大小也不同。

他應該再加上下面這個觀點，那就是原始的動能指標公式根本沒有用，因為它要表示的東西不用計算就可以在圖形中看得出來。於是，魏德建議用以下公式代替原始的動能指標公式：

$$100 - \frac{100}{1 + \dfrac{\text{X日平均上漲價格}}{\text{X日平均下跌價格}}}$$

他將此方法稱為「相對強弱指標」（RSI），但「相對強弱」這個名稱早已被人廣泛使用，用來衡量個股相對大盤或同類股指數的相對強弱程度，因此英國的劍橋投資研究機構將此指標稱為「變化率」（rate of change, ROC），並為多數歐洲人延用。

現在讓我們再來看看變化率的公式。假設我們要計算某一市場的10日變化率，若市場在這10日皆連續上漲，則ROC＝100，而如果這10日市場都連續下跌，則ROC＝0。由此公式可以看出，市場的走勢方向不大可能接連十天都相同，換言之，在這段時間內一定有人很想獲利了結，也會有人想要逢低承接，所

以市場會有短暫的反轉走勢。如果市場在短期內上升或下跌的幅度十分大，就會使得ROC指標接近100或0。這個公式所要表示的是市場一般可能出現的漲跌幅度，而不論它是否出現在很短的時間內出現。此公式的使用方法很簡單，應用原則如下：

● 要特別注意當ROC接近極端值時；
● 要特別注意當價格達到新頭部或新底部，ROC指標卻仍維持不變時。

在具流動性的市場裡，如果時間夠長，魏德的公式已經證明十分有效。而代表時間長度的x，則依我們所欲分析的交易標的不同而有所不同，因為不同的市場其交易文化不盡相同。最常用的時間間隔如下：

交易標的	變數x
股價指數	14日或40日
個股	20日或40日
外匯	14日、20日或40日
債券	10日、20日或40日
債券期貨、股價指數及商品	10日、20日或40日

同一市場可適用若干種時間間隔的主要原因，在於市場具有不規則的特性，而臨界值的選擇也取決於各個市場；一般常用的臨界值通常介於70/30到90/10之間。而如果走勢十分明朗，則這些「痛苦門檻」（pain thresholds）就可以進行不對稱的調整，例如在牛市時選擇80/30，或在熊市時選擇70/20。圖20.1所示為利用此公式來選擇債券期貨市場的短線進出時機。

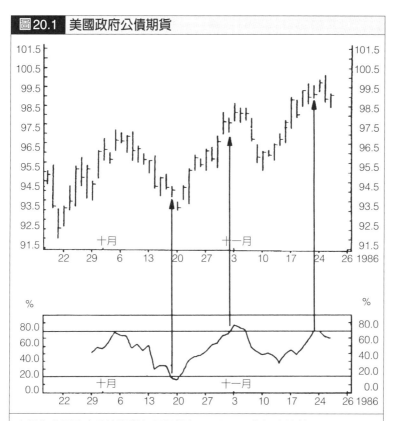

圖20.1　美國政府公債期貨

本圖為美國政府公債期貨每日價格與10日ROC指標之比較。如圖所示，當訊號顯現出來後的隔天，市場通常會出現超買或超賣的情況。另外，要注意到每一個小型的多頭走勢都正好維持了10天，這種現象表示10天的ROC指標對於短線交易很有幫助。

　　用此公式來分析過去的股市波動也十分有效。如果1929年就已經有電腦，x＝14日的ROC公式就會是一個很理想的指標。由圖20.2可以看出這個指標的良好效果，當時頭肩頂型態形成，並開啟了隨後的空頭走勢。

圖20.2 1928~29年間的道瓊工業指數走勢

1929年美股大崩盤，市場在14日ROC指標為12.5和10的時候呈現超賣。

　　當市場猛獸於1987年10月再度發威時，很多人都已經使用電腦了，所以他們清楚地看到，當ROC指標降到10時，指數停止繼續崩跌（圖20.3），此時指標與1929年大崩盤時的水準完全一樣（圖20.2）。

　　但很讓人驚訝的是，ROC指標也可用來分析1720年南海泡沫事件，如圖20.4所示，市場就在指標顯示市場已超賣時停止繼續下挫。

　　如果我們在市場到達臨界值後的隔天出去渡假，直到指標已距離臨界值10點之遙時再回來，ROC指標所能發揮的效果最強。此時，暫時性的盤整通常已結束，此整理區的突破方向則可為我們指出市場下一波走勢的主要方向。而如果陷在恐慌市場

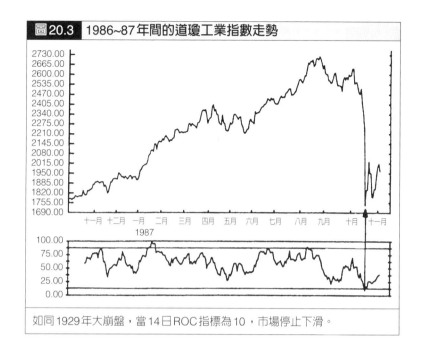

圖20.3 1986~87年間的道瓊工業指數走勢

如同1929年大崩盤，當14日ROC指標為10，市場停止下滑。

裡，ROC指標也可以用來評估何時不該賣，即：如果ROC＝10，就不要賣出。

　　至於應該運用ROC指標來確認新的頭部與底部的法則，則是因為市場上的熱情如果沒有與日俱增，新的頭部將只是暫時轉移我們的注意力。簡單地說，如果新的頭部沒有配合高的ROC指標，就要特別小心這種走勢（圖20.5）。這項法則不是一定有效，但常常能夠作為預測未來走勢變化的預警指標（雖然它和實際的趨勢反轉無關）。

　　對長期交易而言，ROC指標只能用來作為判斷進出時點的輔助性工具，其運用的原則是：

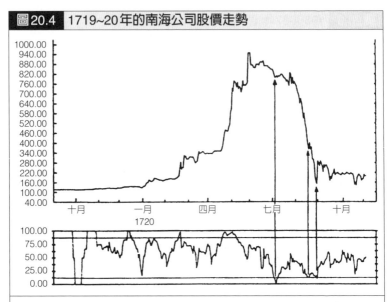

圖20.4 1719~20年的南海公司股價走勢

14日ROC指標顯示南海公司股價在其「技術上超賣時」，曾三度停止下挫。由於該公司當時在股市中所具有的強勢地位，我們可以用其來比擬大盤走勢。ROC指標在1719年9月、10月間出現極端值的原因，是因為如果市場沒有任何變化時，ROC指標無法發揮作用。

- 在上升市場中，如果ROC指標非常高就應該放空，以因應主要的空頭走勢；

- 在次級的回檔走勢中，如果ROC指標非常低，就要買進來因應主要的多頭走勢；

- 如果市場已經從大規模的線圖型態突破時，就不要理會ROC指標。

所以ROC指標可以同時應用在短線與長線交易上。

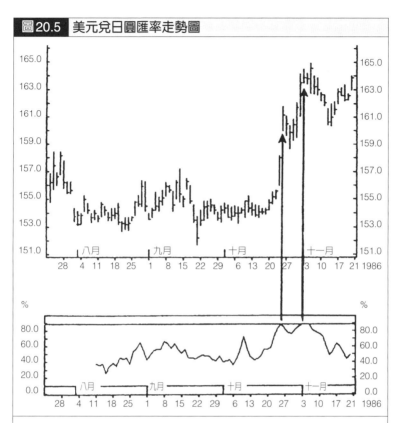

圖20.5 美元兌日圓匯率走勢圖

當美元兌日圓匯價創下新高，但14日ROC指標卻沒有出現比上波頭部還高的高點時，即代表漲勢即將結束。本圖中的頭部十分確定，沒過多久，美元開始出現主要的下跌走勢。

第八篇
轉折點心理學

人們喜歡和群眾一樣的思考方式，他們很容易在群體之中變得瘋狂，卻得花很長時間才能慢慢找回自己的思緒。

——查爾斯・麥凱

趨勢反轉時，發生了什麼事？

所謂的狂熱者，就是想法與關注焦點無法改變的人。

——邱吉爾（Winston Churchill）

當市場處於明顯的趨勢中，有一大堆理由可以支持我們的繼續參與；可惜這個趨勢遲早要結束，轉往另一個方向。在趨勢反轉的時候，究竟發生了什麼事？趨勢為什麼會反轉？市場內部動能產生了什麼樣的變化？為了了解這個問題，我們首先應當釐清「市場」到底是什麼。其實，市場的內部核心就是一小群專業人士，他們觀察每天的新聞事件與價格間鉅細靡遺的變化，而市場上大部分的小幅波動，都是這一小群人在極短時間內的交易所造成的結果。

其中一個最有名的例子，就是兩位股票交易商炒作北太平洋公司股票的事件。這件事發生在1901年的紐約證交所，也是查爾斯・道過世的前一年。

「軋空」北太平洋公司的股票

1901年5月6日，紐約股市靜靜的開盤，僅有一檔個股透露出不同的訊息。從上午開盤後，一位名叫艾迪・諾頓（Eddie Norton）的交易員買進所有市場上的北太平洋公司股票，使其股價由原本的114美元跳到117美元。有一位也在紐約證交所工作的交易員巴魯克，他觀察到了北太平洋公司在倫敦掛牌的股價低於其在紐約市場的價格，因此，他理所當然地計畫去倫敦股市搜購北太平洋公司的股票，然後在紐約股市賣出。但巴魯克的一位同事告訴他不要這麼做，而巴魯克本人也聽到一些風聲：市場上有兩位投機客——哈力曼及摩根——在爭取北太平洋公司股票的主控權。巴魯克聽從同事的建議，沒有買進北太平洋公司的股票，但他另外做了一些不大一樣的事：巴魯克放空了其他好幾檔股票。

隔天，這兩位投資客持續競相買進北太平洋公司的股票，到收盤時，股價已上漲到143美元。股價如此大幅度的上漲也造成一個問題：放空北太平洋公司的交易員無法適時回補，換言之，軋空的情勢已然開始發展。

到了5月8日，放空者開始感到憂心，而那些北太平洋公司股票的持有人也感受到放空者急於回補的壓力，大家爭相競奪那些偶而賣出的北太平洋公司股票，這當然使得北太平洋公司的股價持續飆漲，到收盤時，股價已經達到180美元。

隔天早上股市一開盤就爆發了全面性的恐慌，一小時後，北太平洋公司股價飆漲到400美元，此時，年輕的投機客李佛摩也加入這場遊戲。如同巴魯克在三天前的做法，李佛摩放空所有除了北太平洋公司之外的股票。午餐時間過後，北太平洋公司的股價終於達到1000美元的頂點。

　　這件事情有意思的地方並不在於北太平公司股價的波動，而在於它對其他檔股票的影響。為了要回補日益高漲的北太平洋公司的股票，放空者必須賣掉他們的其他持股，結果造成大盤崩跌。這股恐慌性的跌勢，直到5月9日下午才告一段落，僅僅維持了三天。

　　那天下午，交易經驗仍十分生澀的李佛摩結清所有的部位，他十分訝異自己居然損失如此慘重。李佛摩發現得太晚，實際上，他是在最底點放空，並在最高點回補。巴魯克則比較早進行回補，因此，在他出清部位的那天，他獲得了從事股票交易生涯以來，最高額且最快速的獲利。

零星衝突

　　再隔一天，也就是5月10日，紐約證交所平順地開盤，讓人很難聯想到前一天的慌亂情況。大盤很快就收復失土，但對於一般投資人而言，情勢實在變化得太快，讓他們難以做出任何買進或賣出的決定。

　　這就是重點所在。如果克勞塞維茲將軍對股票有興趣的話，他可能會將這個暫時性的現象稱為「零星衝突」。在這些衝突中，唯一的投資人是市場圈內的那一小群人，他們已經決定好了要怎麼做（或是如同北太平洋公司的例子中被迫去做），所以，他們所面臨的唯一變數就是時機。只要這一小群人中的多方或空方被清除出場，市場就會回復正常。這也可以應用到盤整區間的形成上，例如三角形或矩形。

　　雖然發生了這些小小的衝突，但市場中的其他參與者——長期投資者、退休基金、共同基金及散戶——並沒有做任何事。除

非價格出現了明顯的長期變化趨勢，這些投資人才會受到影響，並採取因應行動。當發生此一現象時，就已經不再是零星衝突，而是大戰了。

針對關鍵戰役的主題，克勞塞維茲曾寫到：「摧毀敵人的勇氣比殺死敵人還重要。」大趨勢的結束也是一場需要勇氣與心理力量的戰役。在研究走勢的反轉時，我們應該關心會對整體市場產生嚴重影響的價格變化。

市場的關鍵戰役

在多頭市場的後期階段，主力會開始感受到市場有些不對勁，他們可能覺得價格相對基本面而言過於高估，或是情緒指標發出了警告訊號，也有可能他們的ROC指標上升到很高的臨界點，所以他們開始大量出清主要持股，造成市場的大幅波動。沒有經驗的新手可能以為這是一個好買點：「趁機撿便宜貨！」專業投資人則利用這波新的上漲機會賣出，因此，市場會經歷幾次上上下下的波動，與先前的趨勢波動型態截然不同。

這場戰役持續進行，而這個被道氏稱為「出貨」（distribution）的過程正全面展開。由於散戶投資人的分析能力較薄弱，或許也是因為自我防衛機制與知識態度的作用，當大戶向市場出貨的時候，散戶投資人並不知道這個警告訊號。大盤的上下波動強化了不確定性，這種懷疑的心態促使更多新手決定再度加入賣方的行列（注意：主力的拋售多半不是導致趨勢反轉的原因，通常要等到出貨過程完全結束，散戶也開始拋售時，趨勢才會真的反轉）。當出貨過程完成時，市場上沒有任何買方，大盤終於完全崩潰，而所有正向的多頭循環也開始反轉。

所以，主要趨勢反轉的第一個主要特色就是出貨或進貨（accumulation）。

如何辨識出貨過程？

在好幾十年前市場規模比較小的時代，要賣出有問題的股票是件蠻不容易的事情。一位名叫貝特的營業員的故事，就是很好的例子。在南非金礦股票於1895年崩跌之前，很多營業員都覺得要趕在下跌前趕快出場，而英國籍的貝特也是其中之一。

貝特的計畫從他把一包金礦公司的股票，寄給他在漢堡的媽媽開始。他告訴媽媽，這檔股票很快就會飆漲10倍，但他要求母親絕對不能打開這個包裹，原因是他想「趁價格還低時再為自己買進幾張」。貝特這招果然奏效，基於強烈的好奇心，貝特的母親馬上就把包裹拆開，而且過沒多久，她的好姐妹們都知道了這個消息（她當然也要求她們保密）。消息很快地如野火般的傳開，沒多久，全漢堡的人都在買進這支股票。但這些人不知道的是，賣方就是倫敦的營業員貝特，他用這個方法倒出金礦公司的股票。

今天，有相當多的統計資料與媒體報導來協助我們辨識出貨的初始階段，不過，訊號仍然相同：共同基金數目快速增加、泡沫、過度樂觀、對市場趨勢將永久持續下去的堅定信念、以及越來越多新手進入市場。下圖顯示出加速、不正常波動及異常大的交易量的現象。營業員可以從市價以上的限價賣單不再出現的現象，看出市場正處於出貨過程的最後階段：這種情況也意謂著大戶早已清空手中持股（圖21.1）。

圖21.1 出貨、進貨與回饋過程

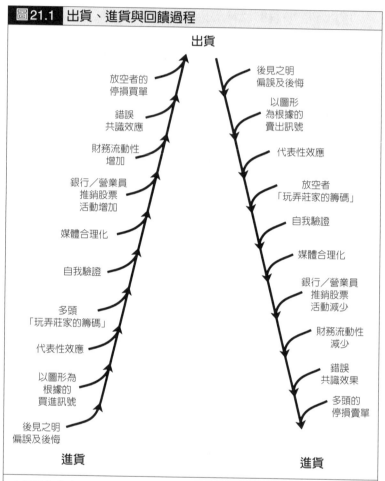

出貨

放空者的
停損買單

錯誤
共識效應

財務流動性
增加

銀行／營業員
推銷股票
活動增加

媒體合理化

自我驗證

多頭
「玩弄莊家的籌碼」

代表性效應

以圖形為
根據的
買進訊號

後見之明
偏誤及後悔

進貨

後見之明
偏誤及後悔

以圖形
為根據的
賣出訊號

代表性效應

放空者
「玩弄莊家的籌碼」

自我驗證

媒體合理化

銀行／營業員
推銷股票
活動減少

財務流動性
減少

錯誤
共識效果

多頭的
停損賣單

進貨

大規模的牛市是由許多放大機制，或是正回饋過程所支撐。這些因素可以
將價格推升到不切實際的高檔，直到技術高明的大戶開始出貨為止。賣出
的過程會持續一段時間，最終將演變為下跌的走勢，而這個趨勢也同樣的
會受到回饋過程的影響而擴大。

時間因素的重要性

　　如我們所知，在解釋移動平均線與動能時，時間因素非常重要。這個因素與知識態度相關，也可能使主要趨勢反轉。當市場已經下跌數月，甚至數年時，就會發生這種市場一片死寂，交易幾乎停滯的情形。當市場交易開始活絡，即使沒有看到十分快速的漲勢或驚人的價格變化，趨勢仍可能反轉。所以，市場趨勢其實也會隨著時間的流逝而反轉，只是發生的機會比較低。

重要趨勢反轉的
警告訊號

充分的膽識與謹慎，才能累積鉅富。

——羅斯查德

　　警示趨勢即將反轉的最重要的兩個訊號，就是過度高估價格與貨幣情勢的改變。但這兩個議題並非本書所要討論的範圍，我們這裡要談的，是與趨勢也十分相關的心理因素指標。

趨勢反轉的相似性

　　每個主要趨勢的反轉情況都不相同，但它們至少具有（部分或全部）下列六項特徵：

- **加速帶量上漲**：趨勢突然加速表示新買家的數目呈倍數增加，這可能和衰竭缺口有關。此外，不正常的大量即表示有人在進行出貨，顯示有另外一群新的人在買進股票，也就是說，即使只是小幅回檔，幾乎所有人都會產生虧損。
- **破壞趨勢**：持續上升的頭部與底部或持續下降的頭部與底部

的型態遭到嚴重破壞，例如出頭頭肩頂與雙重頂型態。至於
破壞的嚴重程度，則是指這樣的型態達到特定的波動幅度，
並且持續一段長期時間，使得投資人心理遭受到極大的損傷
（知識態度）。

- **衝擊性波動**：與現行趨勢相反的明顯波動，使得很多人感到
  惶惶不安。這種衝擊常見於楔形、關鍵反轉與島型反轉中。
  不過，如果在一段時間之內這種情形並沒有一再出現，這種
  波動通常不是很可靠；可能只會發生次級的趨勢反轉。
- **時間與動能**：走勢長期停滯，使得長線投資人也日漸失去耐
  心，紛紛拋售持股。這可以從價格曲線上不斷下降的動能指
  標看出來。
- **缺乏廣度**：由於投資人擔心小型股是否能夠很快脫手，使小
  型股不再隨著大盤走勢而波動。
- **型態完成**：反轉型態通常包括楔形、雙重頂／三重頂
  （底）、頭肩頂或關鍵反轉。

鬱金香熱、南海泡沫與華爾街崩盤就是上述這些現象的典型
範例。不過事實上，這些現象從來沒有停止過，例如：在圖
15.17的圖形中，就顯示美元的多頭走勢在1985年春天告一段
落。我們再來看看另一個在最後的反轉趨勢發生前的情況。

隨著市場強勁且帶量的加速上漲，緊接著就是價格趨勢的衝
擊性波動。整個頭部形成約要一個月的時間，滿足了形成主要趨
勢反轉的時間要求。現在，唯一缺少的要素就是多頭走勢的頭、
底部尚未被嚴重破壞。當收盤價於3月18日首度跌到3.32西德馬
克以下後，下跌趨勢真的開始。自此以後的三年間，美元跌到
1.57馬克，跌幅將近一半（圖22.1及圖22.2）。

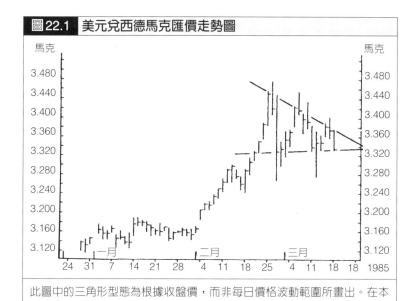

圖22.1　美元兌西德馬克匯價走勢圖

此圖中的三角形型態為根據收盤價，而非每日價格波動範圍所畫出。在本圖最後日期的隔天，美元跌破底部，如自由落體下跌。

型態完成

下列三種型態會出現在主要的反轉趨勢中（表22.1）：

雙重頂／三重頂及雙重底／三重底：某個無法突破的價位

道氏曾在1901年於《華爾街日報》發表一篇文章，文中提到：「交易紀錄顯示，當股價到頂時，它會先小幅下跌，然後再回到前波高點附近的水準。如果之後它仍持續下跌，股價就會再繼續下跌好一段時間。」他將此稱為「雙重頂理論」。

我們可以從圖15.5的金價走勢圖來解釋上述現象。當價格無法突破前波高點時，很多市場參與者感到不悅與不解，等到價格跌破兩次頂點之間的底部時，這些市場參與者變得更緊張了，趨

圖22.2 全球股市的主要趨勢反轉

代表全球股票市場的摩根史坦利資本國際（MSCI）世界指數走勢圖。圖中顯示1998年曾有一次短線的反轉趨勢，但並沒有改變200日移動平均線的上升斜率。可是，該指數在2000年一整年皆呈現停滯的情況，這是典型的主要趨勢反轉的訊號。當指數在2000年底跌破此區間時，200日移動平均線立即轉向。如果趨勢在經過一段長時間的停滯期後開始反轉，隨後引發的波動可能將持續相當長的時間。

表22.1 反轉趨勢中最重要的技術線形

訊號	名稱	解釋
顯示趨勢應該反轉的型態	雙重頂／底及三重頂／底	由於某個價位無法突破，市場作手放棄趨勢
	頭肩頂／底	主要趨勢逐漸結束，為與出貨或進貨過程有關
	關鍵及島形反轉	對主要趨勢沒重大影響的突然衝擊

勢反轉就近在眼前。

　　不過要小心的是，別急著在情勢確定之前就以為結果一定是如此了。隨便看一張圖，我們都可以看到價格必須數度嘗試突破壓力或支撐區，最後才會成功。矩形及直角三角形就是如此。在這種圖形中，價格尚未突破頭部時，很多人會將其誤以為是雙重頂或三重頂，而認為趨勢即將反轉甚至先行出場。

　　雙重頂或三重頂型態很重要的原因在於，它們能夠顯示長期趨勢已經結束，而反方向的趨勢正要開始。但這種情況並不常發生，因此，這些型態出現的機會並不若其名聲那般響亮。從特徵上觀之，市場中兩到三次試圖突破的行動都間隔了一段時間，而不只是暫時的下滑而已（見圖22.3及22.4）。此外，第二次甚至

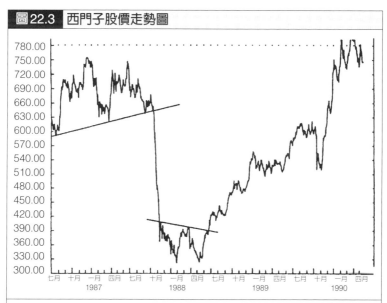

圖22.3　西門子股價走勢圖

西門子（Siemens AG）股價在1986~87年形成雙重頂，再於1988年形成雙重底的走勢。

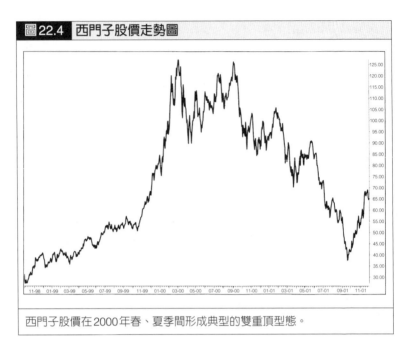

圖22.4　西門子股價走勢圖

西門子股價在2000年春、夏季間形成典型的雙重頂型態。

第三次的攻堅一定要弱於第一次，成交量及動能都要比較小（我們稍後會加以解釋）。最後，雙頂之間的底部一定要被突破。在此之前，我們無法知道市場是否僅是經歷一段暫時的整理期。

　　當可靠的雙重頂／三重頂及雙重底／三重底走勢要結束時，發出的訊號十分強烈，而且，之前的趨勢越大，則隨後出現的反向走勢也會越強。

頭肩頂：趨勢耗竭

　　最易被忽視且其衍生代價極大的技術圖形就是頭肩頂型態。股市中許多戲劇性的趨勢反轉都展現出這種線形，包括了1720年的南海泡沫與1929年的華爾街股災（圖4.1及4.2）。如果我們能夠充分了解這個惡魔，等到它在圖形中出現時，我們就會清楚

了解這個訊號。詳細過程如下所述。

當大盤持續穩定上揚時，多數市場參與者都賺到了錢。部分人太早退場（後來又再度加入），其他人堅定地守候，但是幾乎所有人都賺錢。此時，市場正達到一個高點，成交量也異常的高；隨後，股價小幅下跌，成交量也稍微縮小，一如大家事先所預期。

隨後，市場再度上漲，且創下另一個更高的高點，同時成交量伴隨著擴大；隨後市場再度微幅下跌，成交量隨之下降。對前波高點而言，這只是單純的獲利了結，可是前波高點並沒有提供穩健的支撐，它反而跌到之前的底部。由於跌幅過大，使得市場有點過於超賣，此時，第三波漲勢再度開始，可是這次的成交量卻顯著萎縮。

跌破前兩波的底部後，出現新的頭部與底部持續向下的情況，形成了下跌走勢。如同前面曾提到的，所有在最後震盪區才進場的投資人都面臨虧損，市場的心理氣氛糟糕至極。兩個底部之間的那條線稱為「頸線」，也是多頭市場裡最後一道心理防線。頸線失守會釋放出強烈的賣出訊號，但在此同時，市場可能會出現短線上的超賣，並由下向上測試頸線壓力，這就是一個絕佳的出場機會。

在某些情況下，市場不會只形成兩個肩膀，但這些都無關緊要，重點在於線形最後確定由漲勢轉為跌勢，亦即由持續上升的頭部與底部，轉變成持續下跌的頭部與底部。這裡有個比較奇怪的現象，就是走勢有對稱的傾向：如果有兩個左肩，那麼通常也會有兩個右肩。同樣的，頭肩頂也可能上下顛倒，這代表空頭走勢即將反轉。我們在《金融時報》（*Financial Times*）金礦指數走勢圖中可以看到這樣的例子（圖22.5）。

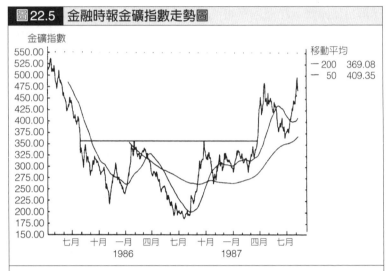

圖22.5 金融時報金礦指數走勢圖

金礦指數是根據24檔南非金礦股的價格加以編製,始於1955年。本圖顯示在倒置的頭肩形後,指數多次回測頸線,繼而開啓了新一波的多頭走勢。該指數以英鎊計價。

關鍵反轉及島形反轉:突然衝擊

　　許多主要趨勢出現反轉需要比較長的時間來完成,在此期間市場持續上下振盪,隨著時間流逝,投資人的信心也逐漸流失。有時候投資人甚至會完全崩盤,面對這種情形,我們需要一種特別的直覺,因為交易機會如同閃電般稍縱即逝。

　　我們可能會面臨以下這種情況:上升走勢持續一段時間後的某日早晨,市場一開盤就交投熱絡,突破了前波高點,正當營業員互道恭喜時,傳來了一個壞消息:謠傳總統過世了。在一片疑惑聲中,價格上下振盪,人們以極快的速度賺錢或賠錢。到了收盤時,股價收在前一交易日的最低點之下。

　　這就是關鍵反轉或關鍵日(key-day)反轉,表示在某一段

時間，市場價格出了很嚴重的問題。而且通常要等到市場快要收盤之前，才能確認這個走勢能否持續下去，不過答案通常是否定的。很多人對發生關鍵反轉感到十分驚訝，以致於在第一天沒有做出任何反應（我們絕不在慌亂中進行交易），但等到隔天，他們的反應就是賣出。所以，要在發生關鍵反轉當天就及時做出反應（快收盤時大家都已經知道情況有異），不要等到明天。

　　另一種衝擊來自於島形反轉。這種反轉的特色就是具有兩個缺口──上升及下跌時各一個。發生這種現象時，很難從中獲利。其重要性在於，它與關鍵反轉具有一個共通點：都是次要趨勢的反轉，而非主要趨勢的反轉。圖22.6中可以看到兩種線形，上面是關鍵反轉的頭部，然後是島反轉的底部。這兩種型態都代表走勢將要反轉，但都只有短線上的效果。

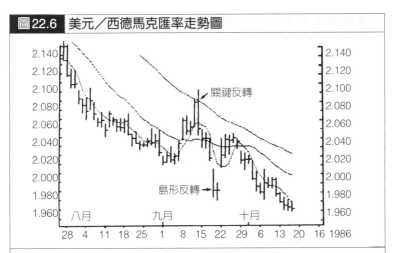

圖中兩個反轉型態都持續很短的期間，對主要走勢沒有任何意義。本圖中的移動平均線分別為2日、20日及50日移動平均線。

資料來源：Reuter Graphics.

轉折點心理學		
在轉折點時，市場徵兆與心理現象的關係。		
市場現象	**基本的個人行為模式**	**相關的心理現象**
加速帶量上漲。	趨勢加速顯示新買方大幅增加；此外，異常高的成交量顯示有人在出貨，這也代表一群新的投資人正在加入買進的行列，所以，即便只是小幅回檔，幾乎所有人都會遭致虧損。	• 認知失調 • 同化錯誤 • 選擇性接觸 • 選擇性認知 • 過度自信行為
趨勢破壞。	嚴重破壞階梯走勢。	• 後悔理論 • 後見之明偏誤
衝擊型波動。	與趨勢反方向的波動持續了好一段時間。	• 認知失調
時間與動能。	趨勢趨於停滯，長期投資人逐漸失去耐心而開始拋售。	• 知識態度
缺乏廣度（狹義市場指數的漲幅高過廣義市場指數；狹義市場指數上漲時騰落線下降、新高及擴散指標下降）。	投資人集中持有較具流動性的股票，以便在趨勢走弱訊號出現時可以迅速脫手。	• 知識態度
反轉型態的完成（雙重／三重頂、頭肩形及關鍵與島形反轉）。	趨勢受到具持續性的因素所打斷。由於預期即將發生主要趨勢的反轉，有人開始進行出貨或進貨。	• 知識態度 • 自我防衛態度

第九篇
恐慌心理學

除了恐懼本身，我們沒有什麼好怕的。

——法蘭克林・羅斯福（Franklin D. Roosevelt）

追蹤猛獸足跡

我們的心中仍有一大塊未經勘測過的區域,在探尋心中
風暴時,必須將此因素納入考量。

——喬治·艾略特（George Eliot）

　　就像每個精采的恐怖故事一般,金融市場裡面也有一頭猛獸
深藏其中。這頭猛獸極少公開出現,相反地,它常隱身在市場的
平靜表面之下,深埋在海底深處的泥土之中,靜靜地觀察,等待
最佳的現身時機。

　　雖然大家對這頭猛獸都不太了解,但多數人都知道它的存
在。因為和其他怪獸一樣,它不時會從黑暗深處冒出來,攫取獵
物。有時候它會撿到些飢口的小點心,像這邊一截食指,那邊一
肢斷臂,但大部份時候它的胃口卻相當大,它會將遇難者完全吞
噬,讓生還者顫抖恐懼。另外一些時候,它完全瘋狂,行經之處
留下一條讓人難以置信的血戰遺跡。它大聲怒吼,將受害者撕裂
成碎片,鮮血與內臟四處飛濺,沒有人不相信它才是市場的真正
統治者。

　　其中一次浴血戰發生在1987年10月19日,星期一。

世界末日

在這個歷史性的早晨，許多營業員抱著怪異且緊張的心情來到辦公室，因為道瓊工業指數在上週五跌了108.35點（圖23.1），雖然之前也曾經發生過大跌60點的情況，甚至在1986年時也有過單日下挫87點的紀錄，但這次可是108.35點！

週末過後，第一個開始交易的市場為澳洲的墨爾本，一開始股價就反映了市場上的不安情緒，呈現大幅下挫。東京股市也是開低，但下挫幅度還算好，只有2.5％。但香港的情況可就嚴重多了，在瘋狂的賣壓衝擊下，香港股市重挫11％，使得香港聯交所宣布當週暫停交易。至於新加坡股市的情況也差不多。

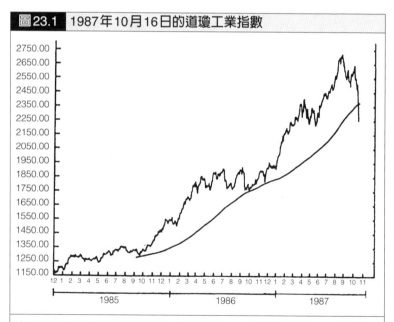

圖23.1 1987年10月16日的道瓊工業指數

在1987年大崩盤之前的星期五，指數是過去3年來首度跌破200日移動平均線。圖中亦標示出了200日移動平均線。

受到這些事件的影響，隨後開盤的歐洲股市更是烏雲罩頂，倫敦和蘇黎世股市都創下歷史最大跌幅11%，法蘭克福則掉了7%，巴黎、斯德哥爾摩和哥本哈根股市也跌了6%，而且各地交易所的交易量都非常大，顯現出集體大恐慌的氛圍。在歐洲股市收盤前，美國各主要證券公司已開始進行每日的晨會，其中，美林公司的首席分析師羅伯・法瑞爾（Robert J. Farrel）即表現出極度的悲觀看法：「即使再跌200點也不無可能。」基德・皮巴迪（Kidder, Peabody & Co.）公司的總裁小馬克斯・查普曼（Max C. Chapman Jr.）周末期間即對可能的事態發展深感憂慮，因此在周一早晨他警告公司同仁，今天可能會相當難熬。而唐納森・路夫金・珍瑞特（Donaldson, Lufkin & Jenrette, DLJ）公司的員工在周一一清早進公司時，就很驚訝地發現，公司請了一批武裝保全人員，以免他們受到憤怒客戶的攻擊。公司的老闆在晨會結束時說：「讓我們試著保持冷靜，或許可以撐過今天。」這對激勵士氣毫無幫助──隨著鐘聲響起，開始了那天的交易。

第一筆報價閃過電腦螢幕，道瓊工業指數以2,180點開出，比上周五收盤時還下跌了67點，5,000萬股股票在開盤後30分鐘內成交，隨後指數開始穩定地緩慢下跌，而交易量仍始終維持在令人難以置信的高水準，每分鐘都有300萬股成交，1小時之後，成交量已達1億4000萬股，而指數也已跌到2,145點。

隨後，真正的崩盤正式開始。當某位交易員尖叫喊出：「我們一直往下跌啊！」電話線路占滿了線，電腦系統也開始落後實際交易，到了最後，電腦報價竟然只能顯示一個半小時前的成交價。慘的是，當時電腦交易已經十分普遍，而電腦程式中有關期貨價格低於現貨價20%的限制設定，促使系統自動發出一長串的停損賣單，市場無情地持續下跌，沒有人知道它究竟會跌到什麼

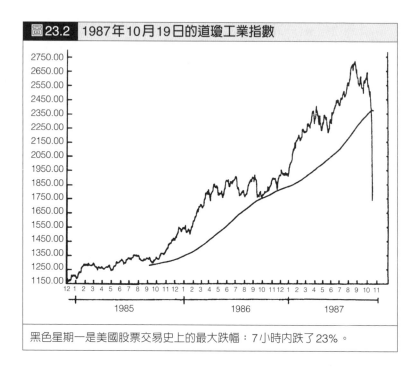

圖23.2 1987年10月19日的道瓊工業指數

黑色星期一是美國股票交易史上的最大跌幅：7小時內跌了23%。

時候。在席爾・李曼（Shearson Lehman）證券公司，營業員們在桌子上豎起一個寫著「逃生方向」的告示牌。

終於到了下午4點，救命的收盤鐘聲響起。一位絕望營業員的悲慘聲音清晰可聞：「這真是世界末日啊！」短短7個小時的交易時間，美國股市下跌了23%至1739點，成交量達到難以想像的6億400萬股（圖23.2）。

恐懼浪潮

不過股市休息的時間很短，在西岸市場收盤幾小時後，東京股市正常開市，開市後半小時，市場中最大的250檔股票中，有

247檔暫停交易，而剩下的幾檔也是暴跌，收盤跌幅達15%。

到了星期二，這頭猛獸繼續在歐洲股市肆虐，倫敦股市下跌12%，巴黎股市則是以下挫10%開盤，電腦系統更因而當機，部分交易被迫暫停。至於在義大利，股市一開盤即下挫10%，隨後幾檔大型股宣告暫停交易。西班牙股市則乾脆將所有股票都暫停交易。歐洲股市已經全面投降了，它們唯一的希望就是美國股市能夠突破這個邪惡的循環。

當紐約股市於歐洲時間下午3點30分開盤時，上述希望似乎並未成真。一開始價格大幅震盪，結果有90檔股票必須暫停交易。但當紐約證交所準備全面投降，停止所有交易時，股價開始反彈，最後指數收在1841.01點，比星期一上漲了6%（圖23.3為8大主要市場在股災後的情況）。

到了星期三早上，這場災難終於宣告結束。全球所有交易員都一如往常地上班，就像以前一樣。猛獸來得快，去得也快。經歷了股市交易史上最詭異的兩天後，人們才要開始收拾殘局，此時，市場上瀰漫著一股奇怪的氣氛，大家不禁要問同一個問題：

究竟發生了什麼事？

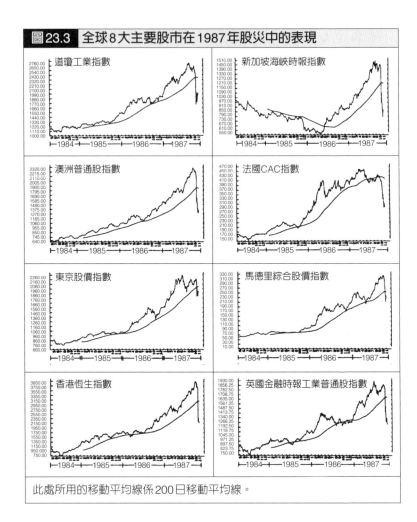

圖23.3　全球8大主要股市在1987年股災中的表現

道瓊工業指數

新加坡海峽時報指數

澳洲普通股指數

法國CAC指數

東京股價指數

馬德里綜合股價指數

香港恆生指數

英國金融時報工業普通股指數

此處所用的移動平均線係200日移動平均線。

動物精神

幾年前我在華爾街大開殺戒……，我槍殺了我的交易
員。

——古魯可‧馬克斯（Groucho Marx）

1987年美國股市大崩盤顯示出自發性的集體恐慌，因為市場
從井然有序的牛市，突然轉變為瘋狂潰散的熊市，而且無法以任
何消息面的因素來加以解釋。這種戲劇性的轉變是怎麼發生的？

穩定的人

這主要是關於態度的特質。在第14章我們已經介紹過了態
度如何影響我們的行為。態度是自然的產物，可以幫助我們簡化
事情，也為我們的行為提供了穩定性的基礎。態度可說是印象的
總結，無論有意識或是無意識，我們都已經考慮過所有正反面的
論點。例如，我們會聽到許多為何股價會上漲或下跌的理由，但
我們的態度會為此做出結論。

態度不只是奠基於理性思考，它同時反映了我們的行動、感

覺與理性。比方說，我們對市場抱持多頭的看法，而這就是一種態度。因此，我們可能會去買進股票，並且告訴別人我們的樂觀看法；這就是行動，或稱為「行為」。我們也可能認為那些不認同自己看法的人十分愚笨，而這就是情感，或「情緒」。我們也會認為投資某家公司的股票會有益於整體經濟的發展，這就是「認知」，或可說是試圖如此推理。

這就是態度通常的運作方式。我們的態度與我們的思考、行為與感覺密切相關，正因為此，態度是奠基在十分穩固的基礎之上，而非隨風飄動。此外，態度也十分有用，因為它可以作為心理衝擊的頭盔，讓我們保持冷靜，調整自己適應社會，並且免於時時對各種問題去做辛苦的揣測（圖24.1）。

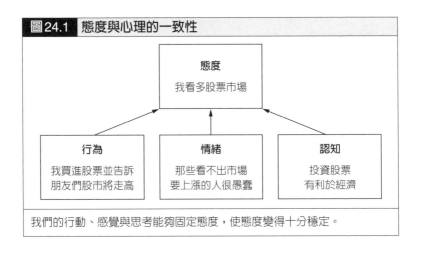

圖24.1　態度與心理的一致性

態度
我看多股票市場

行為
我買進股票並告訴
朋友們股市將走高

情緒
那些看不出市場
要上漲的人很愚蠢

認知
投資股票
有利於經濟

我們的行動、感覺與思考能夠固定態度，使態度變得十分穩定。

注意力、不安與焦慮

現在，假設金融市場走勢大出我們的意料之外，也就是說，若看多市場，但股價卻突然大幅下滑，一開始時可能不會對我們

的態度造成太大的影響（如同前面所提過的，態度不會輕易隨風飄動），但這的確會改變我們的注意力。注意力是智識與判斷力的重要組成要素，很多時候，錯誤的發生並不是因為我們不知道風險所在，而是因為我們疏於注意。

　　注意力也是一種社會現象。許多研究發現注意力主要是受到周遭人的關心焦點的影響。如果股市下跌，就表示其他人比較重視風險因素而非支持牛市的論點。因此，看到市場下挫時，我們開始更注意其他因素，進而開始產生認知失調。有時候，我們也會開始覺得市場可能是對的，它可能太高了，這時候，我們覺得很不安心，而一旦市場繼續往下跌，這股不安的感覺就會逐漸增強，開始產生焦慮。

金融暈眩

　　在面對危險情況時，焦慮是自然且必要的反應。許多動物都有焦慮的感覺，而這也可以幫助這些動物及人類存活下來。科學家們認為（為了做出科學定義），一旦具有下列6種憂慮症狀中的3種（或以上）時，就有焦慮的情形：

- 焦躁不安，興奮，或是緊張；
- 容易疲累；
- 不易專心，或是腦中一片空白；
- 易怒；
- 肌肉緊張；
- 睡眠失調（無法入睡，或是睡眠品質很差）。

　　焦慮使我們的心智（與生理）處於極易受到突發性恐慌所影

響的狀態。我們常常很難區分什麼時候只是神經緊張（焦慮），什麼時候是突然被驚嚇（恐慌）到了。不過，心理學家們對於恐慌的正式定義如下：恐慌是斷斷續續的強烈恐懼或不安的感覺，至少有4種下列所述及的症狀會在10分鐘內達到高點：

- 心悸、心跳加重或加快；
- 流汗；
- 顫慄或發抖；
- 感到呼吸困難或其他類似症狀；
- 窒息感；
- 胸痛或不適；
- 噁心或腹部疼痛；
- 感到頭昏、不穩、頭昏眼花或昏厥；
- 失去現實感（感到非現實）或是人格解體（精神與軀體分離）；
- 害怕失去控制或發狂；
- 害怕死亡；
- 皮膚感覺異常（麻木或刺痛感）。

　　當我們感到恐慌時，身體會分泌腎上腺素，進而引發一連串的酵素反應，也就是生物化學所說的「串聯系統」（cascade system）。串聯反應在很短的時間內就可以將腎上腺素的效果倍增到1億倍，這將造成生化核的爆炸，我們也可以從髮根感覺到。此時，我們的心臟會開始砰砰地跳動，血壓升高，身體大量流汗，瞳孔放大。安東尼・達馬西歐（Antonio R. Damasio）在1994年出版《笛卡爾的錯誤》，書中指出，笛卡爾假設精神與軀

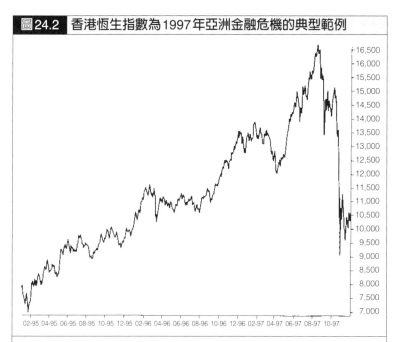

圖24.2　香港恆生指數為1997年亞洲金融危機的典型範例

恆生指數在1997年7月達到最高點，隨後在11月大幅下挫，使得投資人心情焦慮，導致當年底更大幅度的崩跌。

體有一清楚的界限，這是很根本的錯誤。達馬西歐認為，身體對於情緒壓力會產生相當持久且強烈的反應，而這種存在於軀體與精神間的回饋系統，會使得人們難以擺脫焦慮與恐慌，他稱此為「軀體標識理論」（somatic marker theory）。

　　雖然焦慮與恐慌會影響我們的身體健康（有時甚至影響行為），但有時也會對我們的態度產生一些有意思的影響：當面臨極大的壓力情況時，我們改變態度的傾向大幅增加。也就是說，態度可以被腎上腺素所分解（圖24.3）。

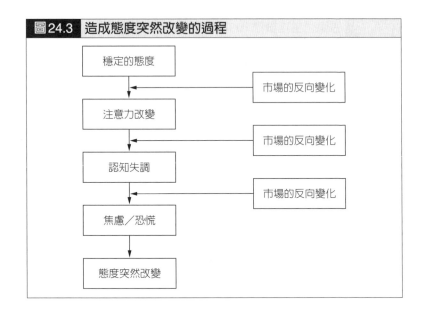

圖24.3 造成態度突然改變的過程

```
穩定的態度
   │◄──────────── 市場的反向變化
   ▼
注意力改變
   │◄──────────── 市場的反向變化
   ▼
認知失調
   │◄──────────── 市場的反向變化
   ▼
焦慮／恐慌
   │
   ▼
態度突然改變
```

脫韁猛獸

　　態度的改變通常需要幾周或幾個月的時間，但在面對壓力時，我們可能在幾小時、幾分鐘，甚至幾秒鐘之間就改變態度。這並不奇怪，人在面臨極大威脅時通常都會極快速地做出反應。

　　美國學者羅伯特‧席勒在1987年所做的調查發現，上述提到的效果對市場有相當大的影響。在1987年10月19日到23日期間，席勒寄發問卷給2,000名散戶及1,000名法人，結果收到605位散戶及284位法人戶的回覆。分析結果發現，在10月19日時，20.3％的散戶及43.1％的法人戶出現諸如注意力不集中、手汗、胸痛、易怒與脈搏加快等恐慌症狀。吉娜‧費丹莎（Gianna Fidanza）是一名股票經紀人，由於她參與了紐約大學與康乃爾大學的壓力現象研究計畫，那天她身上正好戴著血壓及脈搏監視

器，而這個儀器每15分鐘會測量一次。結果，費丹莎的血壓與脈搏的波動情形與當日股價表現幾乎完全同步，股價跌越多，費丹莎的血壓和脈搏跳動次數就越高。

換言之，價格崩跌會引起緊張，而緊張會使態度快速改變。這會衍生出新一波的賣壓，迫使價格進一步下挫，血壓上升，態度改變，價格也持續探底。這是一個完整的封閉循環，而猛獸也狂奔而出。

恐慌時的心理現象

- **軀體標識理論**。強大的威脅引發身體反應，進而強化了持續性的恐慌。這種現象可能發生在市場大幅重挫期間，因為恐慌會使人們的態度快速改變

- **社會比較**。我們用別人的行為作為難以了解事物的資訊來源。集體性的恐慌清楚顯示出其他人對市場，對景氣的看法，而這會對我們造成影響

- **定位效應**。我們的決定受到看起來是正確答案的資訊所影響。如果資訊顯示價格會快速下跌，我們可能也會認為經濟會同步惡化。

- **後見之明偏誤**。我們高估了能夠成功預測過去事件結果的可能性。我們認為自己應該已經預測到恐慌的發生，因此更加急於修正錯誤。

第十篇
領先一步

在華爾街賺錢，其實很容易。你要做的事情就是——在價格低的時候買進，然後，等到價格上漲時賣出，落袋為安。

——馬克·吐溫（Mark Twain）

曝險與時機

千萬不要賭博；拿你所有的儲蓄去買一些好股票，一直持有，等到價格上漲為止。如果它不會漲，那就不要買它。

——威爾‧羅杰斯（Will Rogers）

我們已經探討了心理學如何影響市場價格的波動，也介紹了市場資訊心理學以及心理學影響市場價格的不同方式，那就是趨勢、區間走勢、轉折或恐慌。

我們探討的焦點集中在可以影響整體市場價格波動的心理現象上，而這些現象通常都是典型的自我擴大的過程：

- 市場價格出現某些波動⋯⋯
- ⋯⋯投資人對這些波動印象深刻⋯⋯
- ⋯⋯投資人根據這些過去的價格波動來做出交易決策。

換句話說，金融市場心理學主要就是正回饋循環的問題，而一個由正回饋循環所主宰的系統，通常較難做長期的預測，而有時候在較短期間比較容易做預測。但在一切皆屬未知的情形下，投資人如何在這種市場環境中遵循某些交易原則？而那些交易原

則又是可以運用的？

交易策略的兩項要素

談到股票市場的交易策略時，我們應該注意以下兩項要素的差別：

- 曝險策略
- 時機策略

交易策略是從曝險（expousure）策略開始，而這些策略主要和風險趨避（risk aversion）有關，亦即所謂的「金融痛苦門檻」。曝險的定義如下：

> 曝險是指在任何一項交易中，可以事先合理預期到的最慘重損失。

曝險通常是根據投資人本身的情況和其資產規模來加以評估。當我們已經完全掌握曝險策略後，就可以再接著討論時機（timing）策略，此時，我們可以把焦點全都放在市場上：

> 時機策略意味著我們在市場上試圖做出的行為，完全是根據我們認為市場會如何波動而定。

這種策略絲毫不會受到過去的盈虧所影響。

所以，理想的狀態是我們要達到一種完全不受曝險和時機策略所影響的境界。在進行交易的時候，我們要遠離計算機，不要在下跌趨勢時，去從事一些試圖挽回損失或攤平價格的高風險做法。也不要因為獲利不錯就賣掉手中持股。如果相信市場，我們

就應該一直堅守立場，等待擊出全壘打的最後勝利。

總而言之，策略是有關行動原則和壓抑個人情緒的問題，而好的交易策略是防止精神潰散的最佳武器。

曝險策略

曝險策略的兩大主要觀念就是「金字塔」和「倒金字塔」。「金字塔」是指隨著獲利增加而逐步增加持股，但是增加的金額逐步漸少：

當獲利源源不絕增加時，是否採「金字塔」策略相對較不重要，但其實還有一種更一致且精確的模型。

任何一位懂得股價圖形分析的人都可以將曝險分為三種層級：首要、次要及第三級。

關於此一層級分類的簡單想法是：在首要層級時，我們遵循主要趨勢，不去理會除了主要趨勢心理指標以外的其他因素。相

對的，在次要層級中，我們根據次要波動來決定次要層級的策略，至於第三層級則是根據每日價格的短線多空部位來決定。而次要層級和第三層級加總起來必須和首要層級相當，所以，當次要層級和第三層級的訊號和首要層級相反時，其結果是相互抵消，也就等於是退出市場；但若所有層級的訊號都指向同一方向時，曝險策略就可以發揮全面性的力量。

　　通常曝險策略的問題是在於要如何開始。在新的波動剛形成時，很難看出它是屬於主要、次要或更次要的波動。因此，我們可以先假設這是次要波動，並只操作次要層級的策略。如果稍後我們發現它其實是主要趨勢，只要將原先的投資部位視為首要層級，再決定新的次要和第三層級投資策略。

為什麼使用這種奇怪做法？

　　因為這種做法可以預防和主要趨勢相反方向的風險部位，而且在心理上，它可以幫助我們持有長期部位，即使在短線上常常出現警告訊號。

　　此外，也別忘了可以讓我們在股市賠到一文不名的做法：這就是「倒金字塔」，它是指我們的曝險程度會隨著我們不斷把獲利全部投入同一支股票而升高。模型如下所示：

　　這個模型的結構看起來十分不牢靠，而且，當道氏理論所說的與趨勢相反的不可避免的反應出現後，這個結構就會崩潰。當反應發生後，投資人可能被壓倒在桌子下面，但走勢仍將持續下去。這套方法在投資初學者之間十分流行，結果也是一樣驚人，這些人的第一次投資往往也成為他們的最後一次投資。

沉入成本的謬論

　　不少心理實驗都證明了「沉入成本謬論」（sunk cost fallacy）這個現象的存在。其中，哈爾・艾克（Hal Aerkes）和凱撒琳・布隆（Catherine Blumer）在名為《沉入成本心理學》[41]的研究報告中，就曾針對此一現象深入研究，他們的方法是：

- 從購買俄亥俄州立大學戲院季票的觀眾中隨機選擇一群人；
- 在這些人之中，有一些人要付全額的票款15美元；
- 另一群人需要付13美元；
- 剩下的另外一群人只需要付8元。

　　然後，艾克和布隆觀察這三組人去欣賞演出的頻率，結果是，付款金額越高的人，去看演出的頻率也越高。

　　另外一個由特沃斯基和卡尼曼所開發的實驗，則是提出以下問題：

　　你決定要觀賞一齣戲劇，並且買了一張30美元的票。

　　當你進入戲院後才發現票不見了。座位並沒有對號入

---

41 The Psychology of Sunk Cost.

座，而且票是絕對找不到了。你願意再花30美元去買一張新的票來看這齣戲嗎（假設你身上還有現金）？

艾德華·羅素（Edward Russo）和保羅·蘇馬克（Paul Schoemaker）（兩人為《決策陷阱》[42]一書的作者）向100位經理人詢問上述問題，其中38%的人回答他們願意再買一張票。羅素和蘇馬克隨後又向另一群隨機選取的經理人詢問以下這個略為不同的問題：

你決定要觀賞一齣戲劇，票價為30美元，但你尚未購票。當你進去戲院後，才發現皮夾中有30美元不翼而飛。請問你還願意花30美元去買一張票來看這齣戲嗎（假設你身上還有足夠的現金）？

這一次，只有17%的人回答願意。

這個結果實在很奇怪。事情其實很簡單，你想看戲而且花了30美元買一張票，或是你不想花30美元買那張票。這應該和你是丟了30美元，還是丟了30美元的票並沒有關係。可是研究結果看起來，很多人都很在意這兩者間的差別，因為如果是丟了30美元的票，就等於產生了沉入成本，所以他們會願意投入更多錢，才能從已經花掉的金錢中得到一些收獲。這個沉入成本謬論的現象常見於一般投資人，當股價變低時，已經買進的投資人會繼續買進，以攤平平均買進價格，若股價跌的更低，他們會買的更多。看起來大家應該多聽聽索羅斯（George Soros）在1988年《富比士》雜誌專訪中所說：

---

[42] Decision Traps

> 我從不相信損失可以挽回，一旦賠了錢，錢就賠掉了。
>
> 你會賠錢，也會賺錢，就是不會讓賠掉的錢再賺回來。

要避免這種陷阱的最好方法，可能就是每天都要問問自己：「如果不是因為手中持有的這些股票，今天我會買進這些股票嗎？」如果答案是「否」的話，你最好趕快賣掉它。

傲慢、報仇和一無所有

最後，在考慮曝險問題時，我們也不要忘了生命周期的因素。歷史告訴我們，很多厲害的投資人也會在多年成功之後功虧一簣，血本無歸。最聲名狼藉的例子之一就是我們的朋友——傑西‧李佛摩。

自從第一筆成功的投機交易之後，李佛摩將其獲利投資在股市裡，沒有保留一分一毫。李佛摩在1929-1930年的崩盤中，準確預測後來的空頭走勢，海撈了一筆。1931年初，他個人的資產總值達3,000萬美元，但在56歲那年，李佛摩突然失去了一切。這是為什麼呢？可能是因為李佛摩發現他的老婆外遇。不論為了什麼原因，李佛摩在短短兩年就賠到一文不剩。1934年3月4日，李佛摩提出破產申請，債務超過200萬美元。

李佛摩沒有試著重來。1949年11月28日，他走進雪瑞‧荷蘭旅館的酒吧，點了兩杯馬丁尼，並在筆記本寫下他的遺言：「我的人生是場失敗，我的人生是場失敗，我的人生……。」走進男廁，舉槍自盡。

時機策略應該從最簡單的判斷出發，我們可以稱之為「10步測試」。找出你想要分析的市場圖形，把它掛在牆上，然後退後

10步再來看它，問問自己看到了什麼：

- 趨勢是否維持不變？
- 走勢是否開始反轉？
- 是否處於區間盤整？

　　上述問題的答案十分重要，因為每種情況所需要的因應策略都不同。如果你還有懷疑的話，把圖形倒過來，再重新看一次。

順勢交易

　　我們先假設你已經辨識出趨勢的形態，可以從中賺取大筆獲利。不過，趨勢通常要在一段時間後才會為我們所發覺，因此這點就成為支持下面這個奇怪法則的主要理由：

　　順勢交易，買強賣弱。

　　再唸一次。你要在價格已經上漲的時候買進（當價格向上突破盤整區間），在價格已經下跌的時候賣出（當價格跌破盤整區間）。

　　注意到的人會覺得，在星期一價格上漲後才買進，而星期二價格下跌後又要把它賣出的做法很笨，但這種情況其實是很偶然的，當然也不會總是如此。在星期一價格上漲後買進，是因為你相信正回饋循環：因為你認為強勁的力道會持續不斷地產生帶動力量，最終形成一個趨勢；如果你在星期二價格下跌後賣出，表示你已經改變心意，不再相信趨勢，因為價格變化並沒有趨動回饋循環。

　　讓我們假設市場已經起動，下一步就是要評估這是主要趨勢還是次要趨勢；主要趨勢可以持續很長一段時間，而次要趨勢只

能維持幾個月，甚至幾周而已。這在我們進行圖形分析時十分重要：

> 趨勢越強，我們分析的圖形的期間也需要越久，越全面，而且趨勢在遭到破壞前所需要的證據也越多。

實務上，我們主要應該考慮的就是盤整區間：趨勢在心理因素遭到破壞之前，應該突破那個水準？我們何時應該採取停損策略？

頑固的多頭

任何一位有經驗的交易員都曉得，在對的時間買進股票，要比在對的時間拋售股票來得容易。當你買股票時，你可以隨心所欲地自行決定，但一旦手中握有持股，你就必須決定何時要出場。這個問題只能藉由訂定一個清楚的停損策略來解決。首先，我們應該考慮下列這個最常見的方法：

1. **在突破盤整區間時出場**。如果價格堅定地突破了之前形成的重要盤整區間，就要執行停損（泛指任何已經獲利或損失的情況）。

這個方法的邏輯很簡單。如果趨勢突破了先前形成的盤整區間，根據道氏理論，趨勢已經遭到破壞，我們應該儘快出場。但在實務上，情況通常如下：流體實驗室公司的股價在過去幾年來皆穩定上漲，現在已經到達210美元。史密斯於兩年前以140美元的價格買進，而他的停損點隨著股價上漲已經調高好幾次。最後一個形成的盤整區間是在200～206美元之間，所以他最新的限價賣單是198美元（也就是說，如果股價向下突破200美元，

史密斯先生就要出場）。鍾斯沒有任何流體實驗公司的股票，他很急於進場，但希望等到股價跌破盤整區間時再來揀便宜貨。換言之，他想在200美元的價位買進（如果股價跌破200美元，他還可以在198美元的價位出場）。但如果股價沒有跌到200美元，鍾斯也不敢買進。假設市場上除了一些小金額的賣單外，只有史密斯和鍾斯所代表的兩大群人（實際上也常常是如此），則股價一定會跌到200，這時鍾斯會搶進，而史密斯則會開始十分緊張。所以：

> 如果市場上的停損點已經十分清楚的話，市場就很可能會達到這個價位。停損價位對價格走勢有相當高的吸引力。

所以，史密斯的停損價位吸引價格朝此一水準邁進，他的神經也因而一再地被反覆測試。此外，他也很容易被短期的假突破給清出市場。更慘的是，如果真的突破最後終於出現，市場中的參與者都會同時執行停損策略，使得市場產生突破跳空缺口，史密斯可能得等到170美元時才能順利脫手。如果這種現象發生的次數夠多的話，他可能會學著選擇別種的停損策略。他可以使用下列這種方法：

2. 在盤整區間的中間價位停損。 他可以將停損點設在盤整區間的中間價位，就可以比方法1更早出場。

方法2的理由是，多年分析圖形的經驗已經讓史密斯得到教訓，他現在知道在測試盤整區間時，一定會出現以下三種現象：

● 要不是價格一開始就無法落入到盤整區間內，更不用說突穿

盤整區間（很意外地，鍾斯在206美元的買進）；

- 就是價格輕鬆地突穿盤整區間（比方說跌到170美元）；

- 最後，很常見的是，價格突穿盤整區間，並在某一天發出錯誤的短線突破訊號後，再繼續它原來的向上趨勢（例如價格一度跌到198，促使史密斯匆忙賣出，但鍾斯卻在此一價位買進，價格後來漲到300美元）。

　　如果價格跌破206美元，史密斯可以在203美元的價位賣出，再觀察後續情勢發展。如果股價繼續下跌，他當然會比以前好過很多（不然他可能得等到170美元才能出場），如果多頭趨勢持續下去，他也可以在股價突破206美元時重新進場。

　　關於如何決定流體實驗室公司股價停損點的問題，已經大致解決。但還有一種特殊情況，投資人的停損策略必須遵循另一種原則。假設空中樓閣公司的股票在過去6個月中都在50~70美元的價位區間整理，某天股價奮力向上突破，走勢如同直線般地垂直上升，大家都擔心該公司的股價終會在某日開始下跌。4個月後，該公司的股價在300美元左右，但最近的一個盤整區間仍是在50~70美元之間，於是，我們可以聽到以下的奇怪對話：

投資人：「今天空中樓閣公司的股票表現如何？」

營業員：「300美元左右」

投資人：「OK，我要下一張停損單，如果它跌破了50
　　　　　美元，你就趕快幫我賣出」

　　這種對話的確很少見，其實，你應該使用的是追蹤停損（trailing stop）策略。

3. **追蹤停損**。這種停損策略會隨著價格變化而調整。停
損點是根據與目前股價趨勢相反的最大回檔幅度來決
定。而價格與停損點的距離通常會略大於前述差距。

如果至今為止的最大回檔幅度是20美元（可能就發生在50
～70美元的盤整區間），那追蹤停損點可能就會設在比現價低22
美元的位置，也就是278美元（若現價為300美元）。如果價格持
續上漲，則停損點當然也會上調。如果股價下跌，停損點則維持
不變。圖25.1及25.2為盤整區間和追蹤停損的停損點策略範例。

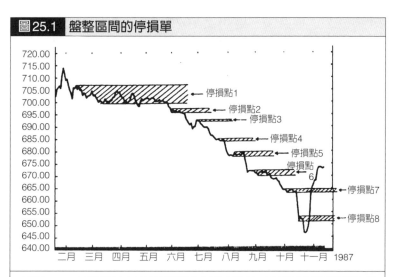

圖25.1　盤整區間的停損單

本圖為1987年西德馬克兌西班牙幣的匯率走勢圖。匯價下跌表示西班牙幣
走強。當價格突破當年春天700～707之間的盤整區間時，西班牙幣的買
方（西德馬克的空方）可以將第一次停損點設在此盤整區間的中間（停損
點1）。隨著新盤整區的結束，停損點也不斷向下調整（停損點2到8），直
到價格終於跌破停損點8，走勢開始上漲。

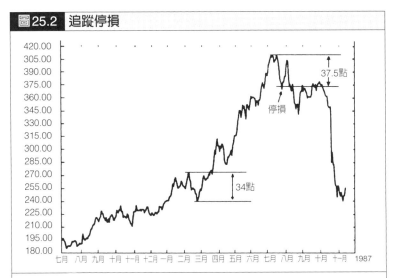

圖25.2 追蹤停損

1987年英國石油公司的股價開始狂飆,因此,採用動態的停損策略是種不錯的做法,而起始點是該公司股價在此波走勢中的最大跌幅,這個最大跌幅出現在1987年2月,股價大跌34點。在這情況下,停損出場的時間應當是在7月,當時股價從407.50跌到了370,下挫幅度達37.50點。這種停損策略只適用在走勢很強的情況下。

財務停損

除了上述所提及的三種停損策略外,還有另一種選擇,就是財務停損。當使用財務停損策略時,表示曝險策略和交易策略混合使用,並面對了一些嚴重的問題。

如果我們買進股票並長期持有,且在賺了10%後把它賣掉,而我們賣出的唯一理由就是獲利已經達10%,這表示我們已經利用了財務停損落袋為安。任何人要問這項做法的理由,我們的解釋可能如下:

「也要把好處分一點給別人」，或是「不要太貪心」。

如果我們接受這種放棄獲利部位的理論，那我們也可以找到理由支持我們握牢不賺錢的部位，堅信當市場反轉時，這些部位也會獲利。最典型的例子就是出於無奈所持有的投資標的日益增加，包括過去最愛的股票，或過去讓你賺進大錢，如今已毫無獲利潛力的標的。

趨勢反轉的交易

所有趨勢都會在某個時點反轉，如果趨勢夠強的話，其反轉也會十分引人注目。我們可以順著趨勢交易，當然也可以在趨勢反轉時進行操作，不過所運用的策略並不相同。我們已經介紹過若干顯示趨勢反轉的典型金融指標：

- 缺乏廣度
- 內線交易
- 極端多頭氣氛
- 強勁的加強上漲
- 趨勢破壞
- 衝擊性波動
- 失去動能

還有傳統的反轉走勢型態：

- 頭肩形的形成
- 雙重頂／三重頂

考慮了這些現象，以及價格突破盤整區間時所得到的結論，

我們可以去建立一些部位，但心中要牢記以下原則（如同前面所提到的，島形反轉和關鍵日反轉很少會改變主要趨勢）：

> 前一波的趨勢越強，反轉型態也會越大，而反轉後所發展出的走勢也越值得注意。

所以，我們應該注意一些更重要的東西。如果在大趨勢中出現了小型的頭肩型態，我們應該不去管它，繼續抱牢手中的長期趨勢部位。

在趨勢反轉後建立好部位，並且達成第一個目標後，所採取的策略也十分簡單：繼續抱牢部位，直到反轉走勢來到最起碼的目標價位，然後我們再評估這波價格變化是否具有新趨勢的特徵。如果情況果真如此，繼續抱緊部位，並把它當作是傳統的趨勢交易（假設我們並不真的認為股價在基本面上被過份低估）。但請記住以下細節：新形成的趨勢的第一階段是很多變的，一開始的時候或許交投十分熱絡，但之後就最好是維持在原地不動。和趨勢作對本來就不會有什麼好結果。

很多投資人會在趨勢發展的過程中不斷改變心意，並把每個轉折和整理區間都當成趨勢反轉，即使這些波動並沒有出現應該有的特徵。他們會說：「這是最近一次恐慌所引發的大波動」，並決定建立和趨勢相反方向的部位。幾周之後，他們果然帶著巨額損失再度出場，這些人突然之間才發現自己其實就是最恐慌的人。

盤整區間的交易

在從事跟隨趨勢的交易或從事趨勢反轉的交易時，我們會等到市場趨勢確定時才進場，所以，我們放棄了一些價格的波動空

間,來交換獲得決策時的更大確定性。在盤整區間進行交易時,
則要採取下列相反的原則:

在盤整區間交易時,要買弱賣強。

雖然這個法則比追隨趨勢做交易更加常見,但其實它的難度
更高。

在盤整區間交易時,我們先試著找出一個有限的交易區間範
圍,例如三角形或矩形,隨後的做法就很簡單了,等線形到了底
部就買進,然後在頭部賣出(如果區間很窄,稱為搶帽子
〔scalping〕)。在這兩種情況下,我們都會將停損單設在線形之
外,這種交易策略很簡單又容易,除非遇到以下問題:

- 首先,我們常常會等到趨勢已經形成一段時間後才看得出
  來,所以風險在於是否等到我們進場後,這個型態就瓦解
  了;
- 第二,在最後的突破階段,我們可能已經建立了相反方向的
  部位(例如在底部買進,但底部稍後被跌破),所以這種突
  破將會為我們帶來無可避免的損失;
- 第三,我們一定要處理之前提到的假突破或不成熟突破的問
  題,因為這會讓我們在應該買進的時候賣出,在應該賣出的
  時候卻買進。

我們可以解決以上問題嗎?答案是「可以」,我們可以做下
列兩件事:

- 主要從收盤價的基礎來評估突破的真實性;
- 只在我們預期盤整區間可能被突破的方向上建立部位。

這種交易策略在進行區間交易時很重要，可惜卻被很多人所忽略。

評估突破的持續性

區間交易常會發生假突破的情形，而且這種情況在小型市場中特別常見，因此小型市場中，交易量增加會比突破是安全的訊號。要評估突破的持續性，最好等到快收盤之前再判定。經驗告訴我們，根據市場收盤價所得到的結果會比較準確。對於那些有顯著意義且具強烈趨勢特性的突破，我們應該更加小心：等連續兩日的收盤價確定了突破的真實性後，再把交易策略從區間交易轉為順勢交易的策略。

我們可以預測突破的方向嗎？

按照傳統的策略，在線形型態的底部買進，頭部賣出，從其定義上來看，到了最後發生突破時，我們將會損失一切。這種虧損無法藉由將停損單設定在型態之上的價位來避免（因為假突破一定會觸及停損單），因此我們只有一種選擇：一定要在預期的突破方向上建立部位。

那我們要如何知道突破的方向呢？這就要看買方和賣方間的基本失衡情形，而這可由下列指標來觀察：

- **整體趨勢**：最重要的訊號就是前一波趨勢，這會顯示出強烈的訊號。多數盤整區間最後都證明僅是持續趨勢中的零星小干擾。統計結果也認為突破和趨勢方向一致。
- **型態**：我們知道很多線形的型態都會發出趨勢訊號。這也是十分重要的指標。

- **成交量**：記住「成交量跟隨趨勢」。如果我們知道在一個線形型態中成交量的增減變動情況，就可以發現突破方向的指標。

- **缺口**：例如在某一天之內，如果下跌時產生缺口（跳空），這代表買方力道較弱，而上漲時的缺口則表示賣方力道較弱。缺口，或著是價格在某一方向的巨幅變化，即顯示出突破將發生在其變動的方向上。

- **突破測試**：有兩種可能的突破測試，不成熟的突破和假突破。會被稱為假突破，是因為真突破會立即發生在假突破之後，且方向相反。所謂的立即是指好幾天或是好幾個小時。如果真突破並未在失敗的假突破之後出現，即代表這是不成熟的突破，而最後的突破則會和此一不成熟突破的方向相同。

- **共同性**：如同前面所提到過的，相關市場中的訊號常常可以告訴我們某一市場的未來方向。

如果我們意識到突破的方向，這會讓盤整區間的交易策略變成是一種很安全的遊戲。

人格失常如何影響個人的交易策略

股票營業員艾拉‧艾普斯坦（Ira Epstein）和心理學家大衛‧加菲德（David Garfield）在1992年共同出版《聰明投資心理學》[43]。這本書主要立基於他們對140位散戶投資人和175位專業投資人／交易員所做的問卷調查結果，這些受訪者回答了一些關於自己和投資活動的問題。艾普斯坦和加菲德利用統計方法來分析上述調查結果，找出一些共通性，他們將投資人分為下列6種群組：

- 過分小心或偏執的投資人並不相信營業員、系統或是市場。
- 衝突型的投資人無法對交易行為感到放鬆，也無法整理出對市場的清楚觀點。
- 隱藏自我的投資人希望從投資行為中獲得自我實現，他們會專業地計算各種風險。
- 復仇和投入型的投資人對於市場完全地入迷。
- 挑剔型的投資人沉迷於細節問題。
- 沮喪型投資人從來無法感到滿足，不論他是賺錢或賠錢。

有趣的是，上述這些症狀和美國精神病協會在1994年出版的《精神失常的診斷與統計手冊》中的分類十分相似：

- **偏執型人格失常**：我們很在意被欺騙或犯了錯。
- **戲劇型／邊緣型人格失常**：我們總是反覆考慮自己的決定而無法放鬆。
- **自戀型人格失常**：我們過於關心是否每件事看起來都能成功，希望得到他人的認可。
- **逃避型人格失常**：我們對於自己過去的過失念念不忘，企圖找機會報復或彌補。
- **強迫型人格失常**：我們過分重視細節。
- **壓抑型人格失常**：不論做得好不好，我們總是感到失望和憂心。

---

43 The Psychology of Smart Investing.

26 毀滅之路

經過一番努力，我把自己從一無所有，弄到極端貧窮。

——古魯可·馬克斯，
在1929年華爾街股災中一天內損失了25萬美元

現在已經到達旅程的終點，我們可以從窗戶裡，從門縫中，從鑰匙孔裡來觀察市場、參與者和資訊的流動。

很驚訝的是，我們發現今日的股市交易在現代科技和法規的輔助下，與往日並無太大不同。以我們對股市各層面所進行的分析結果來看，實在很難忽視心理因素對市場的重要影響。

我們可能無法告訴你如何成為億萬富翁的簡單方法，但你至少可以找出幾件不應該做的事情。我將這些事情稱為「毀滅之路」，而如果我們可以在這條擁擠的大道上逆流而上，就應該不會過得太差。

毀滅之路大致可歸納如下：

1. 選擇只專精在少數幾個市場，而且永遠只在這幾個市場中交易。

2. 針對這些市場所掌握的資訊來源，是一堆隨意、混亂的大雜燴，包括來自熟人，甚至計程車司機的明牌、謠言和不錯的建議。

3. 寧願相信那些你想要聽到的資訊。

4. 扭曲訊息內容，以符合你所做的行為。

5. 因為所有的人幾乎都在買進，所以你也跟著買進，然後當市場崩盤時賣出。

6. 沒人喜歡在場邊觀望，特別是放空時。正因為如此，大多時候你會認為股市應該會上漲。

7. 你的確接收到很多片斷的訊息，但從來都不是全面性的觀點。

8. 根據價格的隨機變化（在電腦上或股票行情表上）來做交易，而非依據圖形分析。

9. 不曾制定任何曝險策略，而且喜歡冒險賭大機會。

10. 僅僅一週後就賣掉所有的長期投資部位，因為它們已經賺錢了……；

11. ……如果短線投資產生虧損，繼續抱牢它們……；

12. ……把這些短線部位改名為長期投資。

13. 或是在事情還算順利時改採倒金字塔策略，如此你可以在下跌趨勢中增加持股，並降低平均成本。

14. 不論市場有明顯的趨勢，或是盤整區間，或是出現趨勢反轉，都用同一個交易策略。

15. 在市場方向與自己操作的方向相反時去調整停損單，因為你一直期待市場出現反轉。

16. 比較相信別人的意見而非事實。

17. 利用市場價格而非潛在價值做為主要的判斷指標。

18. 利用避險來隱藏損失，而不是直接認賠，實現損失。

19. 獨立看待每項投資標的。

20. 忘了這是世界上最困難的市場。

在還未過度沉浸於市場之前，就要牢記住這20條規則，好好地自我檢視，並記住下面這句古老的諺語：

如果不知道自己是誰，股票市場是提供答案的昂貴教室。

好好享受吧！

圖26.1　可憐的投機客

華特・松頓（Walter Thornton），在1929年10月30日股市崩盤後，出售跑車。

附錄一 經濟心理學年表

年度	重要里程碑	事件
1881	首次使用「經濟心理學」一詞	塔德出版《經濟心理學》一書。
1888		韋伯倫在《有閒階級論》一書中運用了社會心理學的概念。他稍後於1920年代致力將心理學的觀念引介到主流經濟學派中。
1900		蓋爾發表一篇名為「廣告心理學」的論文。
1901		史考特是第一位在廣告公司任職的心理學家。
1908	首次使用「社會心理學」一詞	麥杜格出版《社會心理學概論》一書；羅斯出版《社會心理學》一書。
1918		克拉克出版《經濟學與現代心理學》一書。
1920		國際應用心理學學會成立，並於瑞士日內瓦召開首屆大會（該會名稱後更名為 The International Association of Applied Psychology，簡稱IAAP）。
1954	經濟心理學概論納入大學課程	雷諾出版《經濟心理學》一書（與塔德的著作同名）。

年度	重要里程碑	事件
1957	首次於大學中設立專業科系	翁瑞德獲聘為瑞典斯德哥爾摩經濟學院的經濟心理學副教授。
1972		荷蘭的堤堡大學聘請費德霍芬出任荷蘭第一位經濟心理學教授。
1976	首屆國際會議	12位學者出席於荷蘭堤堡首次舉行的社會心理學國際會議。
1972		詹尼斯出版《群體思考的受害者：外交政策決策與失敗之心理學研究》一書。
1975	經濟心理學被認可為科學的一支	卡多納出版《經濟心理學》一書。
1979		卡尼曼與特沃斯基出版《預期理論：風險下的決策分析》一書。
1980		泰勒出版《不確定下的判斷與決策：經濟學者可以從心理學學到的事》。
1981	首份專業的學術期刊	《經濟心理學》期刊出版。
1982		國際經濟心理學研究學會成立。
1985		雅克及布隆默出版《沉入成本心理學》一書。
1990		泰勒出版《用莊家的錢賭注並打成平手：風險性抉擇下更佳結果之效果》一書。
1994		史達曼出版《追蹤錯誤、後悔和資產配置策略》一書。
1997		泰勒、特沃斯基、卡尼曼及史瓦滋出版《短視與損失趨避對風險承擔的影響：實地測視報告》一書。

附錄二

技術分析年表

年度	重要里程碑	事件
1730	第一個期貨合約。	日本在稻米交易時採用的標準化交易。
1869		由於波動性過高,日本政府暫停期貨交易,但卻使得現貨市場波動性加大。
1880 年代	第一次利用技術分析。	交易者利用「簿記法」來追蹤股價。
1884		查爾斯·道開始繪製主要股票的價格變動指數圖。
1886		查爾斯·道發展出工業指數及鐵路指數(現為運輸指數)。
1900~1902	首次出版有關市場現象的系統性研究。	查爾斯·道在《華爾街日報》上發表一系列關於股價變化的文章。
1903		尼爾森撰寫《股市投機基本入門》一書,並稱其為道氏理論。
1922		漢彌爾敦出版《股市晴雨計》一書。
1932		雷亞出版《道氏理論》一書。
1948	第一次詳細的描述圖形型態。	艾德華和馬吉出版《股市的技術分析》一書,書中介紹了不少技術分析圖形。
1954	首次介紹相反意見的觀念。	尼爾出版《反向思考的藝術》一書。

年度	重要里程碑	事件
1959		德魯出版《德魯零股指數：日資料 1936~1958；月資料1920~1958》，顯示散戶多是輸家，要賺錢的方法就是要和他們反向操作。
1963		柯恩開始搜集不同市場的投資快報，以便有系統性的與他們的建議對作。
1978		魏德出版《技術交易系統的新觀念》一書，提出相對強弱指標的觀念。
1983		哈德迪出版《相反意見》一書，為相反意見提供理論基礎。

金融危機簡史

附錄三

以下資料主要來自於金德柏格（Charles P. Kindleberger, 1978）。
純粹的貨幣危機較常發生，本表並未納入。

年度	國家	投機標的	巔峰	嚴重危機期間
1557	法國、奧地利、西班牙哈布斯堡王朝	債券	1557	1557
1636	荷蘭	主要是鬱金香	1636年夏天	1636年11月
1720	法國	西方公司、通用銀行及皇家銀行	1719年12月	1720年5月
1720	英國	南海公司	1720年7月	1720年9月
1763	荷蘭	不實際的商品	1763年1月	1763年9月
1773	英國	房地產、運河、道路	1772年6月	1773年1月
1773	荷蘭	東印度公司	1772年6月	1773年1月
1793	英國	運河	1792年11月	1793年2月
1797	英國	證券、運河	1796年	1797年2~6月
1799	德國	商品	1799年	1799年8~11月

年度	國家	投機標的	巔峰	嚴重危機期間
1811	英國	出口計畫	1809	1811年1月
1815	英國	出口、商品	1815	1816
1819	美國	一般生產企業	1818年8月	1818年11月~1819年6月
1825	英國	拉丁美洲債券、礦業、羊毛	1825年初	1825年12月
1836	英國	羊毛、鐵路	1836年4月	1836年12月
1837	美國	羊毛、土地		1837年9月
1838	法國	羊毛、建築工地	1836年11月	1837年6月
1847	英國	鐵路、小麥	1847年1月	1847年10月
1848	歐陸	鐵路、小麥、房地產		1848年3月
1857	美國	鐵路、土地	1856年底	1857年8月
1857	英國	鐵路、小麥	1856年底	1857年10月
1857	歐陸	鐵路、重工業	1857年3月	1857年11月
1864	法國	羊毛、運輸業、新企業	1863年	1864年1月
1866	英國、義大利	羊毛、運輸業、新企業	1865年7月	1866年5月
1873	德國、奧地利	建築工地、鐵路、股票、商品	1872年秋天	1873年5月
1873	美國	鐵路		1873年3~9月
1882	法國	銀行股		1881年12月~1882年1月
1890	英國	阿根廷股票、股票籌資	1890年8月	1890年11月
1893	美國	銀與黃金	1892年12月	1893年5月
1895	英國、歐陸	南非及羅德西亞金礦股票	1895年夏天	1895年底

年度	國家	投機標的	巔峰	嚴重危機期間
1907	美國	咖啡、聯合太平洋公司	1907年10月	1907年
1921	美國	股票、船舶、商品、存貨	1920年夏天	1921年春天
1929	美國	股票	1929年9月	1929年10月
1931	奧地利、德國、英國、日本	許多項目	1929年	1931年5~12月
1974~1975	全球	股票、辦公大樓、坦克車、飛機	1969年	1974~75年
1980	全球	黃金、銀、鉑金	1980年1~2月	1980年3~4月
1985	全球	美元	1985年2~3月	1985年2~3月
1987	全球	股票	1987年8月	1987年10月
1990	日本	股票、外匯	1989年12月	1990年2月
1997	亞太地區	房地產、一般的過度投資	1996年	1997年6~10月
1997	俄羅斯	一般的過度投資、銀行資本不足	1996年	1997年8月
1999	巴西	政府支出	1998年	1999年1月
2000	全球	網路與科技股	2000年3月	2001年9月

投資心理現象分析

——在出現趨勢、轉折點及恐慌時，
可能發生的心理現象

市場現象	個人行為模式	相關的心理現象
趨勢		
階梯走勢	當價格跌回到先前賣出的水準時買進。	• 知識態度 • 自我防衛態度 • 後悔理論
市場隨著趨勢線及其他技術分析指標而變化，當違反這些指標時，市場會強烈反應。	有意識地根據趨勢線和其他技術指標來交易。	• 後見之明偏誤 • 奇幻思考
市場由移動平均線所「帶動」。	逐漸改變態度。	• 知識態度
市場上漲時成交量也上升，市場下跌時成交量也下降。	市場上漲時獲利了結，市場下跌時則不願意出場承認損失。	• 展望理論 • 確定效應 • 自我防衛態度 • 後悔理論 • 精神區隔 • 認知失調 • 過分自信
市場上漲時活躍的投資人也跟著增加。	和朋友談投資成功經驗，帶動更多人投入市場。	• 自我實現態度 • 社會比較

市場現象	個人行為模式	相關的心理現象
趨勢		
大家以能夠支持市場趨勢的立場來解讀新聞。	新聞記者和分析師都跟著趨勢走。	• 適應性態度 • 認知失調 • 同化錯誤 • 選擇性接觸 • 選擇性認知 • 確認偏誤 • 框架效應 • 社會比較
趨勢開始自我回饋。	唯一的事實就是人們相信趨勢會持續下去。	• 說服效應 • 代表性 • 後見之明偏誤 • 後悔理論 • 奇幻思考 • 精神區隔 • 錯誤共識效應 • 確認偏誤
負面消息被忽略。	人們不去注意負面消息，或是因為不想相信而不去相信這些消息的重要性，而且牛市對他們來說，就代表了這些負面消息沒那麼嚴重。	• 說服效應 • 自我說服效應 • 代表性 • 過度情緒化症狀 • 認知失調 • 同化錯誤 • 選擇性接觸 • 選擇性認知 • 錯誤共識效應
股價圖形出現典型的繼續的型態（旗型、缺口、三角形、矩形）。	趨勢受到暫時性因素的干擾；買方力量持續累積，一旦型態被突破，買方會更增強。	• 行為主義 • 知識態度 • 自我防衛態度

市場現象	個人行為模式	相關的心理現象
轉折點		
加速帶量上漲。	趨勢加速顯示新買方大幅增加；此外，異常高的成交量，顯示有人正在出貨，這也代表一群新的投資人正加入買進的行列，所以，即使只是小幅回檔，幾乎所有人都遭致損失。	• 認知失調 • 同化錯誤 • 選擇性接觸 • 選擇性認知 • 過分自信行為
趨勢破壞。	嚴重破壞階梯走勢。	• 後悔理論 • 後見之明偏誤
衝擊性波動。	與趨勢反方向的波動持續了好一段時間。	• 認知失調
時間與動能。	趨勢趨於停滯，長期投資人逐漸失去耐心而開始拋售。	• 知識態度
缺少廣度（狹義市場指數的漲幅高過廣義指數；狹義市場指數上漲時騰落線下降、新高及擴散指標下降）。	投資人集中持有較具流動性的股票，以便在趨勢走弱訊訊出現時可以迅速脫手。	• 知識態度
反轉型態的完成（雙重／三重頂、頭肩形及關鍵與島形反轉）	趨勢受到具持續性的因素所打斷。由於預期即將發生主要趨勢的反轉，有人開始進行出貨或進貨。	• 知識態度 • 自我防衛態度
恐慌		
市場情勢惡化，價格突然加速下跌。	大幅下挫導致恐慌發生。	• 軀體標識理論 • 社會比較 • 定位效應 • 後見之明偏誤

投資理財系列 73

金融心理學：驅動股市的真正力量

作　者：拉斯·特維德（Lars Tvede）
譯　者：方　耀
總編輯：楊　森
主　編：陳重亨　金薇華
責任編輯：林宛瑜
封面設計：李逸華
內頁排版：菊舍工作坊

出版者：財信出版有限公司／台北市中山區10444南京東路一段52號11樓
訂購服務專線：886-2-2511-1107　　訂購傳真：886-2-2511-0185
郵撥：50052757財信出版有限公司　　http:// book.wealth.com.tw

製版印刷：沈氏藝術印刷股份有限公司
總經銷：聯豐書報社／台北市大同區10350重慶北路一段83巷43號／電話：886-2-2556-971

二版一刷：2008年4月　　定價：360元
ISBN-13　978-986-84265-4-2
版權所有·翻印必究　Printed in Taiwan
（若有缺頁或破損，請寄回更換）

國家圖書館出版品預行編目資料

金融心理學：驅動股市的真正力量／拉斯·特維德
（Lars Tvede）著；方耀譯. -- 二版. -- 台北市：
財信，2008.04
　　面；　公分. --（投資理財系列；73）
譯自：The Psychology of Finance: Understanding the
　　　　Behavioural Dynamics of Markets, Rev. ed.
　ISBN　978-986-84265-4-2（平裝）

　1. 投資心理學　2. 證券市場

563.5014　　　　　　　　　　　　　　　97007179